魅惑の色彩とハーモニーを楽しむ

カラーリーフ

421種の樹木・草花と庭づくり

中野嘉明 著

農文協

まえがき

　日本で種々のカラーリーフプランツが流通し始めてから久しくなり、これらに関する多くの情報が得られるようになりました。しかしながらそのほとんどは断片的で、現在のところカラーリーフの木本（樹木類）や草本（草花類）、およびこれらによる修景関係を総括的にまとめたガイドブック的なものがなく、筆者自身もそうですが、一般の園芸、植物愛好者や造園関係者が、種類の選択やカラーリーフガーデンの設計、造成などを行なう際に、少なからず不便を感じておられるのではないかと思います。

　そんな方々のご要望に応えるよう、本書は、Part 1 と Part 2 ではカラーリーフプランツを概観しつつ、これらを用いたカラーリーフガーデンの修景方法について筆者なりの考えを述べ、Part 3 は樹木252種類、多年草169種類の、計421種類（写真を掲載していないものも含む）を解説した「カラーリーフプランツ図鑑」で構成しました。また、Part2 ではカラーリーフプランツ図鑑に掲載したすべての種類を、葉色の系統、樹高（草丈）、常緑・落葉（夏緑）別に分類して、種類の大まかな選択や組み合わせを検討しやすいようにした「カラーリーフプランツ選び便利帳」も作成しました。

　カラーリーフプランツは、古くから定着している庭木や草花に比べると栽培の歴史が浅いものが多く、また、現在でも国内外から新しい種類が継続して導入されています。そのため、種類によっては生産者や造園家などの活用サイドにおいても、環境適応性や管理面などの研究が十分に行なわれていないものもあります。それでも、先駆的には針葉樹としてのコニファーを中心にした「真鍋庭園」（北海道帯広市）や、広葉樹と多年草を主にした「軽井沢千住博美術館」（長野県軽井沢町）、バラを組み合わせて修景した「SEIKOEN'S ローズ＆カラーリーフガーデン」（千葉県袖ケ浦市）などの大規模なカラーリーフガーデンも造成されていて、ここでは日本の気候のもとでその魅力を存分に発揮している各種のカラーリーフプランツを見ることができます。

　浅学かつ研究不足な点も多々ありますが、本書により、魅力あるカラーリーフプランツを活用したガーデニングや庭づくりに取り組む方々が増えて、園芸や造園の世界にさらに広がりが生まれる一助になれば幸いです。

　　平成25年8月

　　　　　　　　　　　　　　　　　　　　　　　　　　中野 嘉明

まえがき…1

Part 1 ようこそ素敵なカラーリーフの庭へ　5

カラーリーフプランツが奏でる
　魅惑的なカラーハーモニー…6
美しさを追い求めて作出された
　カラーリーフプランツ…6
種類や組み合わせで異なるカラーハーモニー…7
カラーリーフガーデンはまるでステンドグラスの庭…8
下層では下草類がカラーハーモニーを奏でる…8
洋風化した建物や暮らしにぴったりの
　カラーリーフガーデン…9

1 カラーリーフ樹木の色別活用法…10

青色系のコニファー類
　―銀青色に輝く景色を演出…10
広葉樹のカラーリーフが映える青色系…10
力強く気品のあるマツ科、穏やかなヒノキ科…10
季節によって異なる色に変わるカラーリーフ
　―変色を考慮してアレンジ…11
春と夏頃の色彩がまったく異なるカラーに
　変化するパターン例…11
春から夏（初夏）頃まではほぼ同じ系統色で、
　以降に緑色みが強くなるパターン例…11
春から秋と冬の色彩がまったく異なる
　パターン例…11
黄色、黄金色系
　―カラーリーフガーデンを鮮やかに彩る…12
庭を明るく鮮やかに彩る黄色系…12
目立たせたいエリアには、
　全面が黄色や黄金色のものを…12
落ち着いた明るさにするには
　パステルカラーや斑入りの黄色系を…13
赤色、紫色系リーフ―濃色は景色をひきしめ、
　明色は柔らかなポイントに…14
緑色系や黄色系、白色系などの樹木の中に…14
庭の景色をひきしめる濃い赤紫色系リーフ…14
柔らかなポイントになる明るめの紫色系リーフ…14
白色、ピンク色系リーフ
　―黄色や赤色、紫色系の引き立て役…15

色合いが穏やかな白色やピンク色の
　斑入りカラーリーフプランツ…15
ほかのカラーリーフ樹木を引き立て、
　変化を演出する…15
色彩や色模様が複雑なカラーリーフ
　―季節の移ろいも演出…16
季節の移ろいとともに複数の色に変化する…16
狭い庭でも多彩な色合いや色彩の変化を演出…17

2 カラーリーフの下草類の活用法…18

比較的フラットな下草群となるカラーリーフ…18
広い場所には
　フラットな平面的景色となる種類を…18
青色系や黄色系のフラットな景色づくりは
　コニファーが得意…18
斑入りの種類は
　単一植栽でも華やかな雰囲気になる…19
一角を明るくする銀白色～銀灰色系、
　シックな雰囲気を演出するブロンズ色系…19
多彩なグラス類やシェードガーデンにも向く
　ヤブラン、ジャノヒゲのカラーリーフ…20
同じ種類の色違い品種を複数混植し、
　色彩華やかな景色をつくる…21
高低差や色彩の変化をつけるカラーリーフ…22
高めの多年草や小低木で変化を演出する…22
明るい下草群の一カ所によく目立つカラーリーフ
　プランツを植えて観賞ポイントに…22
フラットな下草群に数種類の
　高めの多年草や低木を配置…23
同じ系統色の組み合わせなどで
　静かで穏やかな景観に…24
単独的に配置して観賞ポイントをつくる…25
水辺に植えられる
　カラーリーフプランツもある…25

冬のカラーリーフガーデンを彩る
　枝や幹肌が美しい樹木やタケ類…26
訪れてみたいカラーリーフガーデン…28

Part 2 カラーリーフガーデンの構想とデザイン　29

1 カラーリーフプランツの組み合わせ方と配植…30

庭全体のカラーハーモニーを構想…30
カラーハーモニーの基本…30
カラーリーフガーデンの
　背景植栽も検討しながら構想する…31
一般的な緑葉の樹木を植栽した緑の壁の背景…31
前方とは異なる色彩の
　カラーリーフプランツの背景…31
色彩が異なる数種の
　カラーリーフプランツの複層的背景…31
中、高木など樹木類のデザイン…32
色彩デザインの基本…32
色彩が異なる種類を混ぜるデザイン…32
同一色彩ブロック（植栽群）を
　複数組み合わせるデザイン…37
多年草や低木からなる下草類のデザイン…38
中・高層と美しいカラーハーモニーを奏でる
　重要な下草類のデザイン…38
冬のカラーリーフガーデンに彩りを添える
　常緑性の下草類…38
冬に枝や幹が色づく低木と組み合わせる…39
明るく、日当たりがよい下層には
　花も観賞できる下草類を…40
色彩や高低に変化をつける下層景観をデザイン…41

2 カラーリーフガーデンの設計…42

希望するイメージ平面図の作成手順…42
カラーリーフプランツの色彩を選ぶ際の留意点…42
コニファーと落葉広葉樹でまとめた
　明るい前庭…43
変形地を機能的に区分けし
　冬には色づいた枝も観賞できる主庭…44
カラーリーフの多年草用花壇を前景に
　独立させた主庭…45
蔓性植物・多年草・低木・中木～高木群と、
　階層景観の主庭…46

3 カラーリーフプランツ選び便利帳…47

樹木…48　　　　多年草…51

4 カラーリーフプランツの入手法と手入れ…54

カラーリーフプランツの入手方法…54
植え付け・移植の適期……54
植え付けの手順…54
剪定と整姿…55
施肥…56
病害虫の防除…56

SEIKOEN'Sローズ＆カラーリーフガーデンに併設の「レストラン・ローズヒップ」前庭（千葉県袖ケ浦市）

Part 3 カラーリーフプランツ図鑑　57

広葉樹類— 58

アオイ科— 58
アカザ科— 58
アカネ科— 58
アジサイ科— 59
ウコギ科— 60
ウルシ科— 61
オトギリソウ科— 61
カエデ科— 62
カツラ科— 65
カバノキ科— 65
キク科— 66
キジカクシ科— 66
キョウチクトウ科— 67
グミ科— 68
クワ科— 68
ゴマノハグサ科— 68

サクラソウ科— 69
シソ科— 69
ジンチョウゲ科— 72
スイカズラ科— 72
ツゲ科— 74
ツツジ科— 74
ツバキ科— 75
トウダイグサ科— 76
ナス科— 76
ニシキギ科— 76
ニレ科— 78
バラ科— 78
ヒルガオ科— 80
フトモモ科— 81
ブドウ科— 82
ブナ科— 82
マタタビ科— 84
マツブサ科— 84
マメ科— 84
マンサク科— 87
ミカン科— 88
ミズキ科— 89
メギ科— 91
モクセイ科— 92
モチノキ科— 94
ヤナギ科— 95
ユズリハ科— 95

針葉樹類— 96

イチイ科— 96
スギ科— 96
ヒノキ科— 96
マツ科— 100

多年草類— 103

アカバナ科— 103
アブラナ科— 103
アヤメ科— 103
イネ科— 104
オオバコ科— 107
カタバミ科— 107
カヤツリグサ科— 107
カンナ科— 109
キキョウ科— 109
キク科— 109
キジカクシ科— 112
キスゲ科— 114
キンポウゲ科— 115
ケシ科— 116
サクラソウ科— 116
サトイモ科— 117
シソ科— 117
スミレ科— 120
セリ科— 121
タデ科— 122
ツユクサ科— 122
トウダイグサ科— 123
ドクダミ科— 123
ナデシコ科— 124
ネギ科— 124
ハナシノブ科— 124
バラ科— 125
フウロソウ科— 126
ベンケイソウ科— 126
マメ科— 127
ユキノシタ科— 128

カラーリーフプランツ図鑑索引…130
参考文献等…135

写真・設計図●中野嘉明　写真協力●軽井沢千住博美術館／真鍋庭園／SEIKOEN'Sローズ＆カラーリーフガーデン

Part 1
ようこそ素敵な**カラーリーフ**の庭へ

黄色や赤色系などの広葉樹のカラーリーフと銀青色や黄色系などのコニファーのカラーリーフが織りなす美しいガーデン (真鍋庭園 / 北海道帯広市)

カラーリーフプランツが奏でる魅惑的なカラーハーモニー

各種のカラーリーフプランツが織りなす美しい葉群のハーモニー（軽井沢千住博美術館併設・カラーリーフガーデン／長野県軽井沢町）

　樹木や草花など植物の葉の色は、多くは緑色をしていますが、なかには秋でもないのに全面が黄色や赤紫色、銀青色などに美しく色づくものや、緑葉の一部が白色やクリーム色、ピンク色などになる、いわゆる「斑入り」のものがあります。本書では、これらの樹木や草花を合わせて「カラーリーフプランツ（カラーリーフ植物）」と称し、これらを部分的に用いたり、カラーリーフプランツを主体に組み合わせてカラーハーモニーを観賞する庭園を「カラーリーフガーデン」と呼びます。なお、下草に用いる草花は一度植えると長年にわたり楽しめる多年草のみを取り上げています。

　植物のカラーハーモニーといえば、花壇におけるホワイトガーデンやブルーガーデンなど草花の花色のアレンジが一般的でしたが、さまざまなカラーリーフの樹木や草花が流通するようになり、それらのアレンジの美しさを観賞できるカラーリーフガーデンが、近年、造園・園芸関係者やガーデニング愛好家の方々を魅了し、大きく注目されています。

美しさを追い求めて作出されたカラーリーフプランツ

　これらのカラーリーフプランツは、自然状態で生まれた変種や品種もありますが、多くは人が美しさを追い求めて交雑したり選抜したりして生まれた園芸品種です。そのため、カラーリーフプランツの色彩は、種類ごとに実に変化に富んでいます。

　たとえば、6月頃に開花して煙のようなピンク色の花穂をつけるスモークツリーのカラーリーフには、新葉は透明感のある赤紫色で、夏になると緑色を帯びたブロンズ色になり、秋は赤銅色などに紅葉する'グレース'、新葉は全面が鮮やかな黄色で、夏に向けてやや黄緑色になり、秋にはオレンジ色から紅色に紅葉する'ゴールデン・スピリット'、赤紫色の新葉が徐々に濃い紫色になり、夏にはやや緑色を帯びた濃い紫色となり、秋に赤銅色に紅葉する'ロイヤル・パープル'など、それぞれに色彩が異なる園芸品種があります。

鮮やかな黄色のアメリカハナズオウ'ハート・オブ・ゴールド（落葉・低木〜中木・86p）を背景にして映える、透明感のある赤紫色のスモークツリー'グレース'（落葉・低木〜中木・61p）

　こうした種類や品種ごとの特性を知り、どのようにアレンジして、どのようなカラーハーモニーを奏でるか、カラーリーフガーデンづくりは構想、設計の段階からわくわくするものがあります。

種類や組み合わせで異なるカラーハーモニー

　カラーリーフプランツは、その選び方や組み合わせ方により、いろいろなイメージを演出します。

　たとえば、秋の黄葉や紅葉のような美しい自然をイメージして、黄色系や赤色系のカラーリーフプランツを組み合わせれば、春から秋まで美しい黄葉、紅葉の感動的な景色をもたらしてくれます。また、静かな高原をイメージして、白色系や銀青色系を組み合わせると、清涼感のあるカラーハーモニーになります。

秋の黄、紅葉のような美しい景色を春から秋まで楽しめる、黄色系や赤色系を主体にして組み合わせた例（軽井沢千住博美術館併設・カラーリーフガーデン/長野県軽井沢町）

清涼感のある銀青色系のコニファーと黄色系や赤色系の広葉樹やコニファーを点在させ、眺める方角によりイメージが変わるように修景した例（SEIKOEN'S ローズ＆カラーリーフガーデン/千葉県袖ケ浦市）

カラーリーフガーデンはまるでステンドグラスの庭

太陽の光を透過して室内の一角に彩りを添えるステンドグラス。カラーリーフプランツも、それぞれに特色のある美しい葉が光を受けてより鮮やかに輝きます。さまざまな種類を組み合わせたカラーリーフ群は、まるで枠に区切られたステンドグラスのようにモザイク状の多彩な景色のハーモニーを奏でます。

格子状に区切られ鮮やかなカラーハーモニーを奏でるステンドグラス

ステンドグラスのように自然の鮮やかなモザイク状の模様がカラーハーモニーを奏でる

下層では下草類がカラーハーモニーを奏でる

カラーリーフガーデンでは、下層の景色も重要です。下層には、低木、小低木、匍匐状～蔓状の樹木や多年草のカラーリーフプランツを下草類として用います。これらは、とかく暗くなりがちな樹下を明るく彩り、中木や高木のカラーリーフと相まって美しいカラーハーモニーを奏でます。低木や多年草のカラーリーフプランツには美しい花を咲かせるものも少なくないので、カラーリーフに花も加わりカラーハーモニーを奏でます。下草類はそんな重要な役割を担います。

下層の低木が開花して、花も庭のカラーハーモニーに加わる

前方に多年草のホスタやヒューケラ類を、後方に低木を植栽した下草群。それぞれの開花期にはピンク色や赤色、白色などの花も観賞できる

白色、黄色、赤紫色系などのいろいろな色彩の低木や多年草を混植した下草群。下草だけでも美しいカラーハーモニーを奏でる

洋風化した建物や暮らしに
ぴったりのカラーリーフガーデン

　ヨーロッパなどでは、公園や街角、店舗などにもごく普通にカラーリーフプランツが植えられていて、そこに集う人々の気持ちをも明るくしてくれています。

　住宅や暮らしぶりが洋風化して久しい日本においても、カラーリーフプランツが映える環境が身近に増えてきています。カラーリーフで庭が明るくなれば、建物も立派に見えます。

ヨーロッパの公園に植栽された
青色系のコロラドモミ
（常緑・中木～高木・100p）

洋風化した現代の住宅などにマッチするカラーリーフガーデン。青色系や黄色系のコニファー類と、赤紫色系や黄色系の広葉樹のカラーリーフプランツなどで美しく修景されたガーデン（真鍋庭園／北海道帯広市）

❶ ようこそ素敵なカラーリーフの庭へ

カラーリーフ樹木の色別活用法

青色系のコニファー類──銀青色に輝く景色を演出

広葉樹のカラーリーフが映える青色系

　広葉樹には、黄色系や赤色系だけでなく、多彩な色合いを演出するカラーリーフ樹木がそろっていますが、青色系は希少です。落ち着きや静寂感があり、広葉樹のカラーリーフが映える青色系、なかでも鮮やかな銀青色系はもっぱら針葉樹としてのコニファー類の一部が担っています。

銀青色の気品ある力強さを演出するマツ科のプンゲンストウヒ'ホプシー'（常緑・中木～高木・102ｐ）

力強く気品のあるマツ科、穏やかなヒノキ科

　マツ科では、プンゲンストウヒ'ホプシー'やプンゲンストウヒ'コースター'、およびそれらの系統の各種品種が銀青色に輝く代表格です。そのほかに、コロラドモミ'ビオラセア'やアトラスシーダー'グラウカ'などもあります。ヒノキ科の青色系には、コロラドビャクシン'ブルー・エンジェル'やコロラドビャクシン'ムーン・グロー'などがあります。

　庭のコーナーなどを銀青色に輝く、力強く気品のある景色にしたいときはマツ科のコニファーが適します。やや穏やかな青色系の景色にしたいときは、ヒノキ科のコニファーが適します。

青色系のコニファーの大木がカラフルな家や広葉樹に映えるヨーロッパの住宅風景

プンゲンストウヒの青色系には低木から高木まで各種の品種がある

マツ科のアトラスシーダー'グラウカ'（常緑・中木～高木・101ｐ）は広い庭に適する

ヒノキ科の青色系品種は一般的に穏やかな景色を演出する
写真はコロラドビャクシン'ブルー・エンジェル'（常緑・中木～高木・99ｐ）

季節によって異なる色に変わるカラーリーフ
―変色を考慮してアレンジ

●季節とともに変わるカラーハーモニーを楽しむ

　カラーリーフプランツは、落葉樹の場合は春から秋まで、常緑樹の場合は周年、およそ同じ系統の色のまま変化しないものが主流ですが、なかには季節の変化とともにまったく異なる色彩に変化するものがあります。変化しないものは、その間はほぼ同じカラーハーモニーとなりますが、変化するものは、それぞれの季節の色彩を考慮してカラーリーフプランツを組み合わせます。適切に組み合わせて植栽すると、季節ごとに色彩が変化するカラーハーモニーが楽しめます。季節とともに色彩が変化するパターンは、次の三つに大別されます。

春と夏頃の色彩がまったく異なるカラーに変化するパターン例

春は緑葉（上・左）なのに夏になると濃い赤紫色（上・右）に変化するバージニアザクラ'ベイリーズ・セレクト'（落葉・中木～高木・79p）。上・左側は、春のきれいな赤紫色の葉が夏には緑葉に変化するカツラ'レッド・フォックス'（落葉・中木～高木・65p）を組み合わせたカラーハーモニー。
セイヨウハシバミ'プルプレア'（落葉・低木～中木・65p）やネムノキ'サマー・チョコレート'（落葉・中木～高木・85p）なども春と夏頃の色彩が異なる

▼春　バージニアザクラ'ベイリーズ・セレクト'とカツラ'レッド・フォックス'　▼夏

黒みを帯びた濃い赤紫色に変化した夏のバージニアザクラ'ベイリーズ・セレクト'

春に赤紫色だった葉が、緑色に変化した夏のカツラ'レッド・フォックス'

春から夏（初夏）頃まではほぼ同じ系統色で、以降に緑色みが強くなるパターン例

◀春　▼夏

オウゴンガシワ（落葉・中木～高木・83p）／春の新芽・新葉時は黄金色（上）で、徐々に緑色みが強くなって黄緑色～緑色（右）に変わり、秋に黄、紅葉する
新葉が鮮やかな黄色になるイギリスナラ'コンコルディア'など葉の全面が黄色系の落葉樹は、夏以降は明黄緑色～黄緑色になるものがある

春から秋と冬の色彩がまったく異なるパターン例

ヌマヒノキ'レッド・スター'（常緑・低木～中木・97p）／春から秋までは青緑色（左）で、冬になると赤紫色（右）に変化する
コノテガシワ'エレガンティシマ'（常緑・中木～高木・99p）のように春から秋は黄色～黄緑色や緑色で、冬は赤褐色を帯びるものもある

▶春―▶秋 　　冬

黄色、黄金色系—カラーリーフガーデンを鮮やかに彩る

庭を明るく鮮やかに彩る黄色系

　黄色や黄金色系のカラーリーフは、葉の全面が黄色になるものと斑入り部分だけが黄色系になるものとがあります。全面が黄色や黄金色になるものは、庭をひときわ鮮やかに彩り明るくします。

　黄色系のカラーリーフプランツは、広葉樹にもコニファーにも多くの種類があり、選定や入手が比較的容易です。ただし、濃い黄色から萌黄色やパステルカラーで柔らかい黄色まで、種類によって明度や彩度はさまざまです。用途や好みに応じて、よく検討して選ぶようにします。

庭を明るく彩る黄色や黄金色系カラーリーフの混植

コニファーにも黄色系の種類は多い。銀青色のアトラスシーダー'グラウカ'（常緑・中木〜高木・101p）と対比させたレイランドヒノキ'ゴールド・ライダー'（常緑・中木〜高木・98p）

目立たせたいエリアには、全面が黄色や黄金色のものを

　一般的に、特に目立たせたいエリアや強調したい部分には、葉の全面が黄色や黄金色になるものを選定します。

全面が黄色〜黄金色になるアメリカテマリシモツケ'ルテウス'（中層／落葉・低木・79p）やノルウェーカエデ'プリンストン・ゴールド'（上層／落葉・中木〜高木・64p）は、他のカラーリーフの色彩とも対比して明るく輝く

輝くような黄金色になるノルウェーカエデ'プリンストン・ゴールド'（落葉・中木〜高木・64p）の葉群

白色や赤紫色系と対比して庭を明るく鮮やかに彩る、全面が黄色になるアメリカハナズオウ'ハート・オブ・ゴールド'（落葉・低木〜中木・86p）

落ち着いた明るさにするには
パステルカラーや斑入りの黄色系を

　やや落ち着いた明るさにするには、葉の全面が萌黄色やパステルカラーの黄色になる種類、あるいは斑入り部分だけが黄色系になる種類を選ぶようにします。ただし、斑入りの中には、グミ・エビンゲイ'ギルト・エッジ'やアオキ'ピクチュラタ'などのように、黄色をやや強く感じさせるものもあるので留意してください。

パステルカラーのギンドロ'リチャーディー'（落葉・中木～高木・95p）

柔らかい印象のイエローリーフが豊かに茂るニセアカシア'フリーシア'（落葉・中木～高木・86p）

穏やかな黄色を感じさせる、黄色～クリーム色の斑入りになるトウネズミモチ'トリカラー'（常緑・中木～高木・92p）

下草として植栽したグミ・エビンゲイ'ギルト・エッジ'（左／常緑・低木・68p）とアオキ'ピクチュラタ'（右／常緑・低木・89p）。これらは斑入りの種類であっても、黄色をやや強く感じさせるタイプ

赤色、紫色系リーフ—濃色は景色をひきしめ、明色は柔らかなポイントに

緑色系や黄色系、白色系などの樹木の中に

　赤色から紫色系のカラーリーフプランツは、葉の全面が赤色〜紫色系になるものがほとんどで、葉の一部が濃い赤色や紫色系に染まる斑入りの種類はあまり見当たりません。

　濃い赤紫色系は存在感があり、緑色系や黄色系、白色系などの樹木の中に植栽すると、庭の景色をひきしめます。一方、明るい赤色や紫色系のものは、その場所にポッと明りを灯すような柔らかな観賞ポイントになります。

景色をひきしめるなどの効果を発揮する赤色〜紫色系リーフ

存在感をアピールする赤紫色〜暗紫色のノルウェーカエデ'クリムソン・キング'（落葉・中木〜高木・64p）

庭の景色をひきしめる濃い赤紫色系リーフ

成葉になると黒みを帯びた濃い赤紫色になるネムノキ'サマー・チョコレート'（落葉・中木〜高木・85p）。黄色系や白色系などの明るい植栽の中に配置すると景色をひきしめる

柔らかなポイントになる明るめの紫色系リーフ

灰紫色でやや控えめな色彩のレッドリーフローズ（落葉・低木・80p）。下草の一角などに添えると明りを灯すようなアクセントになる

新芽、新葉が明るく穏やかな紫色になるギンヨウアカシア'プルプレア'（常緑・低木〜中木・84p）。アプローチの一角などに植栽すると、柔らかな観賞ポイントになる

白色、ピンク色系リーフ―黄色や赤色、紫色系の引き立て役

色合いが穏やかな白色やピンク色の斑入りカラーリーフプランツ

　白色やピンク色系の広葉樹のカラーリーフプランツは、短期間、部分的に葉の全面が白色やピンク色になる種類もありますが、ほとんどがいわゆる斑入りの植物です。したがって、ほとんどの葉に少なからず緑色の部分があり、またピンク色系には通常、白色斑も混じります。そのため、黄色や赤色、紫色系リーフに比べると色合いが穏やかで、一般にすっきりした景色を演出します。なお、白色系で特異なのはギンドロで、葉表は緑色ですが、綿毛が生じた葉裏が風に揺られて銀白色に輝きます。

さわやかなピンク色の演出には欠かせない貴重なネグンドカエデ'フラミンゴ'（落葉・中木～高木・63p）

青空を背景にキラキラ輝くヨーロッパで自生しているギンドロ（落葉・中木～高木・95p）の林。このような景色を庭に取り入れることもできる

中木程度の大きさの白色系では、流通量が多いヤマボウシ'ウルフ・アイ'（落葉・中木～高木・90p）

ほかのカラーリーフ樹木を引き立て、変化を演出する

　白色やピンク色系のカラーリーフプランツは、いわば白色のキャンバスのように黄色や赤色、紫色系など他の色彩のリーフを引き立てます。あるいは、これらと組み合わせることによって、景色に変化が醸し出されるので、脇役的な存在としても欠かせないグループです。
　低木～中木には白色系のカラーリーフプランツが比較的多くあります。

オオベニウツギ'バリエガタ'（落葉・小低木～低木・73p）に白色系のヤマボウシ'ウルフ・アイ'（落葉・中木～高木・90p）を組み合わせた穏やかな植栽風景

フイリガクアジサイ（落葉・低木・59p）のように白色の明瞭な斑入りになる種類も、他の系統色のカラーリーフプランツとの組み合わせに重宝する

色彩や色模様が複雑なカラーリーフ—季節の移ろいも演出

季節の移ろいとともに複数の色に変化する

ハツユキカズラ（常緑・藤本［蔓性］・67 p）／ピンク色の新芽が徐々に白色になり、その後白色と緑色の斑点が混じった模様になる

カラーリーフプランツは、葉の全面や一部分が黄色や赤色、紫色、白色などの単色で、基調の色合いはあまり変化しないものが主流ですが、複数に変色するものがあります。変色のしかたは、時の移ろいとともに色合いが少しずつ変わってゆくものや、同時的に複数の色が現われて複雑な色模様になるものがあります。

たとえば、ナンキンハゼ'メトロ・キャンドル'は、春の新芽、新葉は緑色で、それが5月下旬～6月頃になると黄色～クリーム色の斑が広く不規則に発色し始めます。この時期の新芽はピンク色を帯び、新葉ほど黄色の斑入り面が広くなります。さらに盛夏の頃になると緑葉になりはじめ、秋になると赤く紅葉して落葉します。

ナンキンハゼ'メトロ・キャンドル'（落葉・中～高木・76 p）

① 春は緑色の葉が、5月下旬～6月頃に、黄色、クリーム色、ピンク色が混じった色模様になる

② その後、少しずつ緑色部分が広がり、夏～夏過ぎ頃は緑葉になる

トウカエデ'ハナチルサト'（落葉・中木～高木・62 p）

① 春の芽吹きは白色～ピンク色

② その後明るい萌黄色になり徐々に緑色みが増していき、夏過ぎ頃には淡緑色に変化する

狭い庭でも多彩な色合いや色彩の変化を演出

敷地が広ければ多くの種類を植栽することができるので、全体として変化に富んだカラーリーフガーデンができますが、狭いと種類が制限されるので単調なリーフカラーになりやすいものです。

しかし、一種類で多彩な色合いや色模様が観賞できるカラーリーフプランツは、少ない種類で彩りが得られやすい利点があり、狭い庭でも変化に富んだ景観が演出できます。

ムラサキシキブ'シジムラサキ'（落葉・低木・69p）／新芽はピンク色で、成葉になると白色、緑色、ピンク色の斑点模様になる

アメリカハナズオウ'シルバー・クラウド'（落葉・低木〜中木・86p）／新葉時はほぼ全面が白色から淡いピンク色になることが多い

フイリアメリカヅタ（落葉・藤本[蔓性]・82p）／白色〜クリーム色の斑が広がった葉面に、緑色が散らばったり一定の面になったりして複雑な模様になる。また、順次生じる黄色みが強い新芽と白っぽくなる成葉が混在する色合いになる

夏に向けて緑色部分が広がり、白色とのまだら模様になる葉も混じる

ゴシキヒイラギ（常緑・低木〜中木・93p）／新芽は赤茶色を帯び、成葉になると黄色、クリーム色、オレンジ色、ピンク色、白色が混じった斑点状の模様になる

アセビ'フレーミング・シルバー'（常緑・小低木〜低木・75p）／真っ赤な新芽（左）がピンク色に変わり、その後クリーム色や黄色を帯びた葉を経て成葉（右）となり、周縁に白色の斑ができる

ようこそ素敵なカラーリーフの庭へ

カラーリーフの下草類の活用法

比較的フラットな下草群となるカラーリーフ

広い場所にはフラットな平面的景色となる種類を

庭の下草などに利用するカラーリーフプランツは、多年草だけでなく樹木や藤本(蔓性の樹木)にも各種あります。下草類がつくる景色の形状から大別すると、比較的フラットな平面的景色となる種類と、丈がやや高くフラットな景色に変化をつける種類に大別できます。

フラットな面を形成する種類は、庭の一角にも用いることができますが、広い面積を覆うように植栽すると、その美しさがより発揮されます。このような種類は、一般的に単一の種類を植栽するとすっきりとした広がりを感じやすくなります。また、ホスタやヒューケラ類などは、同一種類で色違い品種を複数混植すると、色彩が豊かになり、華やかな景色になります。

カラーリーフ樹木の下層を色彩豊かに飾るカラーリーフの下草群

ニイタカビャクシン'ブルー・スター'(常緑・盃状〜半球形状・99p)/銀青色のやや起伏するフラット的な景色を形成

ビャクシン'セイブロック・ゴールド'(常緑・盃状〜匍匐性・98p)/黄色系のかなりフラットな景色を形成

青色系や黄色系のフラットな景色づくりはコニファーが得意

銀青色など青色系のフラットな景色は、樹木以外ではイネ科のフェスツカ・グラウカ類など一部の多年草でも表現できますが、主役は匍匐性のコニファーが担います。

黄色系のフラットな景色も、イネ科のフウチソウ'オール・ゴールド'やキンウラハグサなどの多年草でも表現できますが、日当たりがよい場所では、匍匐性の黄色系コニファーを活用することができます。

斑入りの種類は単一植栽でも華やかな雰囲気になる

斑入りは、種類により緑色に白色や黄色、クリーム色、銀色系などが混じるので、単一の植栽でも比較的華やかになります。

たとえば半日陰にも植栽できる白色〜クリーム色の斑入りになる多年草、フイリイワミツバを樹下に植えると、日陰が明るい雰囲気になります。

フイリイワミツバ（夏緑多年草・121p）／夏頃にレースフラワー状の白色の花も楽しめる。繁殖力がきわめて強いので広い面積を短期間で地被する場合にも活用できる

ラミウム・マクラツム'ビーコン・シルバー'（常緑〜半常緑多年草・118p）／銀色〜銀灰色の斑入りの葉が光を受けて明るく輝く。写真ように開花するとより華やかになる種類も多い

一角を明るくする銀白色〜銀灰色系、シックな雰囲気を演出するブロンズ色系

シロミミナグサなど株全体が銀白色〜銀灰色になる種類は、白色以外の下草の一角などに添えると明るく映えます。逆に、一角をシックに落ち着いた雰囲気にするには、リシマキア・コンゲスティフロラ'ミッドナイト・サン'など、種類はきわめて少ないですがブロンズ色系の地被植物を用います。

シロミミナグサ（常緑〜半常緑多年草・124p）／株全体が一年中銀白色〜銀灰色で、茎が地面を這ってマット状に広がり、5〜6月頃に白色の花が一面に開花する

リシマキア・コンゲスティフロラ'ミッドナイト・サン'（常緑多年草・116p）／黒みを帯びた丸形の葉が地面を這うように広がり、ブロンズ色の葉を背景にして5〜6月頃に黄色の花が多数咲く

多彩なグラス類やシェードガーデンにも向くヤブラン、ジャノヒゲのカラーリーフ

　黄色い葉が豊かに茂り柔らかい下草景観をつくる代表のフウチソウ'オール・ゴールド'やキンウラハグサ、貴重な青色系のフェスツカ・グラウカ類などのイネ科グラス類は、種類も多く多彩です。

　さらに、キジカクシ科のヤブランやジャノヒゲ、カヤツリグサ科のカラーリーフ品種は、半日陰から日陰にも耐え、色彩も多彩なのでシェードガーデンにも有用です。

グラス類

フウチソウ'オール・ゴールド'（夏緑多年草・105p）／葉の全面が鮮やかな黄色〜黄金色になり、一角に添えてもよく目立つ

キンウラハグサ（夏緑多年草・105p）／斑入りなのでフウチソウ'オール・ゴールド'ほどの輝きはないが、同じく黄色〜黄金色になり、美しい面を形成する

フェスツカ・グラウカ（常緑多年草・104p）／コニファー以外の青色系のカラーリーフの代表格で、一角や一面を青く彩りたい場合に欠かせない

ヤブランやジャノヒゲのカラーリーフ

フイリヤブラン（常緑多年草・113p）／クリーム色や黄色の斑が生じ、キンウラハグサやフウチソウ'オール・ゴールド'よりもやや控えめに彩りを添える下草として利用できる

シロフヤブラン（常緑多年草・113p）／白色の斑入りでガーデンの下層に雪が積もったかのような白い景色を演出する

オオバジャノヒゲ'コクリュウ'（常緑多年草・114p）／全面が黒紫色で光沢のある細長い葉が叢生するので、シックで落ち着いた景観となる

同じ種類の色違い品種を複数混植し、色彩華やかな景色をつくる

　下草類には、ホスタ（ギボウシ）やヒューケラ、ティアレラ類などのように葉色や花色が異なる品種がいくつもある種類があります。

　たとえば、ホスタ（ギボウシ）には葉色が黄色や青色、白色系などの各種の品種があります。こうした種類は、色違いの品種を組み合わせて混植すると色彩豊かで変化に富む華やかな下草の景色をつくることができます。

ホスタ（ギボウシ）（夏緑多年草・112〜113ｐ）／葉色が多彩で小形種から大形種まであり、耐寒性も耐陰性も強い下草には打ってつけのカラーリーフプランツ

カルナ（カルーナ）（常緑・小低木・74ｐ）／葉色が黄色やシルバー系などの各種品種があり、花色も白色、赤色、ピンク色系などがあるので、混植の効果がより発揮できる

セダム類（常緑多年草・126〜127ｐ）／ベンケイソウ科のセダム類には葉色が黄色や赤色系などがあり、また葉形も異なる種類があるので、混植するとカーペット状の美しい面をつくることができる

ヒューケラ、ティアレラ類（常緑〜半常緑多年草・128〜129ｐ）／葉色が黄色や橙色などの明るいものから黒みを帯びた品種まであり、葉形も変化に富んでいるので混植の効果を発揮しやすい

高低差や色彩の変化をつけるカラーリーフ

高めの多年草や小低木で変化を演出する

　丈が高めの多年草や小低木〜低木のカラーリーフプランツを下草として一角に植えると、下層の観賞ポイントとなったり、景色にメリハリがつきます。特に、フラットな面を構成している下草群の端や中ほどなどに植えると、高低や色彩に変化をつけるうえで効果的です。
　色彩面から景色にメリハリをつけたり観賞ポイントを強調したりする場合は、黄色系と赤色や紫色系、白色系と赤色や紫色系のように、強く対比するような色同士や、明度や彩度が大きく違う色同士にすると互いの色を引き立て合います。
　一方、穏やかな変化を求める場合は、白色系とクリーム色系、葉の全面が黄色になる系統のものと黄色の斑入り系など似通った系統色のもの、あるいは明度や彩度が似かよった色を組み合わせます。

明るい下草群の一カ所によく目立つカラーリーフプランツを植えて観賞ポイントに

　明るい下草群の中に、高さや色彩が対比するような濃い赤紫色や鮮やかな黄色系のカラーリーフプランツなどを配置するとよく引き立ち、観賞ポイントになります。

起伏が少ない面を形成する明るい色彩のフイリイワミツバ（夏緑多年草・121ｐ）の中に、大型〜中型ホスタ（夏緑多年草・112〜113ｐ）の色違い品種を点在させて、高低と色彩に穏やかな変化をつける

白花が咲いた明るい緑葉のキャットミント類の下草群に、濃い紫色のキンギョソウ'ブロンズ・ドラゴン'（半常緑多年草・107ｐ）がよく映える

前方の白色が涼やかな斑入りのホスタ（夏緑多年草・112〜113ｐ）の下草群に、後方の鮮やかな黄色リーフのオオベニウツギ'ブライアント・ルビドール'（落葉・小低木〜低木・73ｐ）が映える

フラットな下草群に数種類の高めの多年草や低木を配置

下草群の中に、数種類の高めの多年草や低木を互いが引立つように配置するのも効果的です。色彩と同時に高低差にも変化をつけることができます。

シルバー系のラムズイヤー（常緑〜半常緑多年草・120p）の前に、濃い赤紫色のマルバダケブキ'ブリットマリー・クロフォード'（夏緑多年草・111p）などを配置すると、互いのリーフカラーが競い合うように引き立ち、高低の変化も出る

前方の下草群のヒューケラ類（常緑〜半常緑多年草・128〜129p）も、後方のアメリカテマリシモツケ'ルテウス'（落葉・低木・79p）も、ともに色彩が鮮やかなカラーリーフなので、全体が華やかで、かつ力強い景色になる

ベースとなる下草のアルケミラ・モリス（半常緑〜夏緑多年草・125p）などの中に植えた赤紫色系のリシマキア・キリアタ'ファイヤー・クラッカー'（夏緑多年草・116p）が目立ちすぎるため、色合いが穏やかな白色〜乳白色系斑入りのカラーリーフ、カリガネソウ'スノー・フェアリー'（夏緑多年草・118p）を配置。このようにすると、強すぎる対比が緩和される。また、高・中・低の高さ変化も生まれる

同じ系統色の組み合わせなどで静かで穏やかな景観に

下草群に添える丈が高めの多年草や低木の色彩を、穏やかな色彩のカラーリーフでまとめると、静寂感のある景色になります。

シックな色合いのフラットな下草、リシマキア・コンゲスティフロラ'ミッドナイト・サン'（常緑多年草・116ｐ）の中に、派手さはないが明るい銀白色のアサギリソウ（常緑多年草・109ｐ）を配置して落ち着いた景色に

ホスタの白色斑入り品種の下草（左）に、丈が高い白色〜乳白色やクリーム色の斑入りのカリガネソウ'スノー・フェアリー'（夏緑多年草・118ｐ）を添えて競合しない静けさのある景色に

中木〜高木の下層に、多年草の下草群とともに白色斑が生じるマルバノキ'エナニシキ'（落葉・低木〜中木・87ｐ）のような静けさのある低木を配すると、穏やかな景観になると同時に高低変化も生まれる

葉縁に白色の斑が生じるヤブコウジ'ハクオウカン'（常緑・小低木・69p）を庭石の隅に植えて修景

単独的に配置して観賞ポイントをつくる

　カラーリーフの中木〜高木の樹木と同様に、カラーリーフの多年草や小低木〜低木は単独的に植栽しても庭の観賞ポイントとなります。たとえば園路のコーナーや花壇の一角などに植えると景色にメリハリがつきます。

一般的な草花類などに添えて植えた、黄色系のセイヨウオダマキ'レプレチャウン・ゴールド'（夏緑多年草・115p）。ひときわ目立ち、花壇などがより華やかになる

丈が高いペンステモン・ディギタリス'ハスカー・レッド'（半常緑多年草・107p）などを園路のコーナーに配すると、次の園区へと移る区切りになる

水辺に植えられるカラーリーフプランツもある

　池辺などの湿地や湿り気の多い場所に植栽できるカラーリーフプランツは、種類は少ないのですが、フイリカキツバタやシマフトイ、ロベリア・カルディナリス'クィーン・ビクトリア'（ベニサワキギョウのカラーリーフ）、フイリセキショウ、トワダアシ、セイヨウダンチクなどがあります。水景をつくるときなどに、単一種類、または複数種類を組み合わせて植栽します。

水辺を彩るフイリカキツバタ（夏緑多年草・103p）

稈に白色斑が横に生じて横縞模様になるシマフトイ（夏緑多年草・108p）

冬のカラーリーフガーデンを彩る

●落葉して寂しくなった晩秋から冬のカラーリーフガーデンに彩りを添える

　カラーリーフガーデンも、冬になると落葉樹の葉が落ち、夏緑性の多年草も地上部が枯れて彩りが乏しい景色になってしまいます。落葉樹や夏緑性の多年草が多いガーデンでは、晩秋から冬になると枝や幹肌が赤色や黄色などに色づく樹木や、シラカバ類、稈の色が美しいタケ類を要所に配植しておくことで、冬の景色に彩りを添えることができます。

イロハモミジ'カツラ[桂]' Acer palmatum 'Katsura'（落葉・中木〜高木・64p）
主に1年枝がオレンジ色になる。春から夏は黄色や赤色などになるカラーリーフを観賞できる

イロハモミジ'ビホウ[美峰]' Acer palmatum 'Bihou'（落葉・中木〜高木）
1年枝はオレンジ色系に、それ以前の若枝は黄色〜淡黄色になる

サリックス・アルバ'トリスティス' Salix alba 'Tristis'（落葉・中木〜高木）
1年枝を中心に、若枝が黄色になる。春〜夏は黄緑色のカラーリーフを観賞できる

エンジュ'ウインター・ゴールド' Sophora japonica 'Winter Gold'（落葉・中木〜高木）
1年枝を中心に、若枝が黄色〜淡黄色になる。春〜秋は黄色〜黄緑色のカラーリーフを観賞できる

グリセウムカエデ Acer griseum（落葉・中木〜高木）
オレンジ色の薄い樹皮は2〜3年で剥がれ、露わになった幹肌は赤褐色を呈する

ジャクモンティーシラカバ'ドーレンボス' Betula utilis var. jacquemontii 'Doorenbos'（落葉・中木〜高木）
若木の段階から幹肌がきれいに白くなる（日本に自生するシラカバの若木は白くならない）

枝や幹肌が美しい樹木やタケ類

オウゴンミズキ *Cornus stolonifera* 'Flaviramea'（落葉・低木）
主に1年枝が黄色〜黄緑色になる

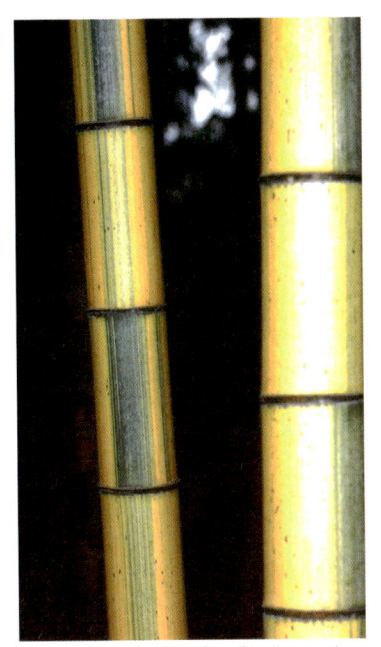

シラタマミズキ 'シビリカ・バリエガタ' [別名：サンゴミズキ 'シビリカ・バリエガタ']　*Cornus alba* 'Sibirica Variegata'（落葉・低木・89p）
主に1年枝が美しい赤色になる。春〜秋は白色の斑入りになるカラーリーフを観賞できる。黄色リーフのシラタマミズキ 'オーレア' *Cornus alba* 'Aurea' [別名：サンゴミズキ 'オーレア']（落葉・低木）も同様に新梢が赤くなる

セイヨウミズキ 'ミッドウィンター・ファイヤー' *Cornus sanguinea* 'Midwinter Fire'（落葉・低木）
主に1年枝がオレンジ色〜黄色になる

キンメイモウソウチク *Phyllostachys pubescens* f. *bicolor*（タケ類）
黄色の稈に、緑色の縦縞が生じる

クロチク *Phyllostachys nigra*（タケ類）
2年目以降の稈が徐々に黒色〜黒紫色になる

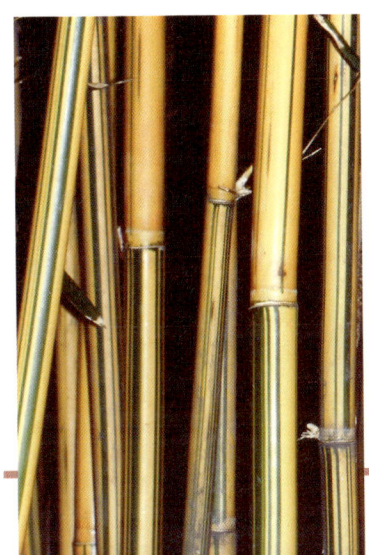

スホウチク *Bambusa multiplex* f. *alphonso-karri*（タケ類）
淡黄色の稈に冬〜春は緑色の筋が生じ、夏〜冬は筋が赤色になる

コルヌス・セリセア 'シルバー・アンド・ゴールド' *Cornus sericea* 'Silver and Gold'（落葉・低木）
主に1年枝が黄色になる。春〜秋は白色の斑入りになるカラーリーフを観賞できる

訪れてみたい カラーリーフガーデン

規模が大きいカラーリーフガーデンでは一度に多くの種類を見ることができます。また、カラーリーフガーデンづくりの参考になるさまざまな配植や樹形なども確認することができます。

軽井沢千住博美術館 ［併設カラーリーフガーデン］

千住博氏の作品を展示する美術館に併設された広大なカラーリーフガーデン。美術館の周囲に総6万株、150種類以上のカラーリーフの樹木と多年草が植栽されている。西沢立衛氏による斬新な建物で、館内に設けられた吹き抜け空間にもカラーリーフプランツが植栽されていて、森の中を歩くように作品が鑑賞できる。

開館時間：9：30～17：00/火曜定休（祝日の場合は開館）
　　　　　7月～9月は無休で18：00まで開館
　　　　　12月26日～2月末日まで冬期休館
入館：美術館有料
☎ 0267-46-6565
〒389-0111　長野県北佐久郡軽井沢町長倉815
交通：軽井沢駅（JR長野新幹線・しなの鉄道）下車、タクシー約10分/中軽井沢駅（しなの鉄道）下車、タクシー約5分/上信越自動車道碓氷軽井沢ICより車で約15分

真鍋庭園

24,000坪の広大な敷地に、カラーリーフのコニファーをはじめ、広葉樹などが植栽されている。日本庭園、西洋風庭園、風景式庭園で構成され、回遊しながら庭を楽しめる。特に、銀青色に輝くプンゲンストウヒ類などコニファーの大木が林立する景色は圧巻。

開園期間：4月下旬～11月下旬（期間中無休）
開園時間：8：00～18：00（6月～8月）
　　　　　8：00～日没まで（6月～8月以外の月）
入園：有料
☎ 0155-48-2120
〒080-0832　北海道帯広市稲田町東2-6
交通：JR根室本線・帯広駅下車、タクシーで約15分（帯広駅バスターミナルからのバス便有り）/帯広・広尾自動車道帯広川西ICを降り国道236号線を帯広市内方面へ5分/とかち帯広空港からタクシーで約25分

SEIKOEN'S ローズ＆カラーリーフガーデン

約500坪の敷地に、カラーリーフの各種樹木と多年草を植栽し、多種多彩なバラと組み合わせて修景したガーデン。敷地内にあるレストラン「ローズヒップ」のテラス（ペット同伴可）から見下ろすエリアにカラーリーフプランツとバラの花が広がる。ドッグランやバラ苗などのプランツショップ、ローズ＆カラーリーフガーデン専門設計室も併設されている。

開園時間：10：00～19：00/火曜定休
入園：無料（イベント開催時等はレストラン・ショップ利用者優先）
☎ 0438-63-5352（レストラン）
☎ 0438-63-4008（プランツショップ）
〒299-0243　千葉県袖ケ浦市蔵波2887-1
交通：JR内房線・長浦駅より徒歩20分、タクシーで約5分/館山自動車道姉崎・袖ケ浦ICより車で約10分/東京湾アクアライン袖ケ浦ICより車で約15分

Part 2
カラーリーフガーデンの構想とデザイン

中木～高木のカラーリーフの樹木は赤紫色、白色、黄色系などを混植し、下草群にはフラットなものから丈が高い多年草と低木の各種を配して修景したカラーリーフガーデン（軽井沢千住博美術館併設・カラーリーフガーデン／長野県軽井沢町）

① カラーリーフガーデンの構想とデザイン

カラーリーフプランツの組み合わせ方と配植

庭全体のカラーハーモニーを構想

カラーハーモニーの基本

　カラーリーフガーデンのデザインは、白いキャンバスに絵を描くように、まず庭全体のカラーハーモニーを構想します。

　上層の中〜高木から下層に植える低木や下草類に至るまで、ほとんどをカラーリーフの樹木や多年草にするのが基本で、この手法でまとめると全体として見ごたえのある美しい修景ができます。ただし、カラーハーモニーを考えて適切に組み合わせないと、色彩が鮮やかになりすぎたり、逆に色彩にメリハリがつかなかったりすることがあります。このような弊害の調整役として、一般的な緑葉の樹木や多年草を部分的に導入する方法もあります。デザインを考えたり設計を行なったりする際に、こうした点も検討しましょう。

　なお、緑葉の樹木や多年草が中心の現在の庭に、カラーリーフプランツを部分的に植栽すれば、景色に彩りを添える部分改造を行なうこともできます。

明るく協調感のある系統色のカラーハーモニー
上層は白色系のヤマボウシ'ウルフ・アイ'（90p）、中層は黄色系のシラタマミズキ（サンゴミズキ）'オーレア'（89p）、下層は白色〜クリーム色系のフイリイワミツバ（121p）

色彩にコントラストをつけたカラーハーモニー
上層は白色〜ピンク色系のネグンドカエデ'フラミンゴ'（63p）、中層は黄色系のアメリカハナズオウ'ハート・オブ・ゴールド'（86p）やヨーロッパニレ'ダンピエリ・オーレア'（78p）と赤紫色系のスモークツリー'グレース'（61p）など、下層は赤紫色系のアメリカテマリシモツケ'ディアボロ'（79p）や白色系のイヌコリヤナギ'ハクロニシキ'（95p）、下草の多年草は白色系のベアーグラス（108p）などにして鮮やかにコントラストをつけた配植

庭の一角に設けたカラーリーフガーデン
上層は黄色系・白色系—ニオイヒバ'ヨーロッパ・ゴールド'（100p）など、丈の高い下草は白色系・赤色系・黄色系・白色斑入り系—アメリカイワナンテン'レインボー'（74p）などの混植。丈の低い下草は白色系・黄色系・緑色系など—ベアーグラス（108p）などの混植

カラーリーフガーデンの背景植栽も検討しながら構想する

カラーリーフガーデンのデザインでは、カラーリーフプランツの色彩をより美しく観賞できるように背景をどのようにするかも重要です。背景のパターンは、次の三つに大別されます。

1 一般的な緑葉の樹木を植栽した緑の壁の背景

緑の壁は、単一種類の樹木を列植したり、異なる種類を植え繋いだり、あるいは生垣をつくって背景にします。また、後方に自然林などの樹木群がある場合は、これを借景として背景にすることもできます。

一般的な緑葉の樹木を背景にして植えたネグンドカエデ'ケリーズ・ゴールド'（63p）

後方の林のような樹木群を背景に映えるオオモミジ'ショウジョウノムラ'（62p）

最後方は赤紫色のノルウェーカエデ'クリムソン・キング'（64p）、中間は黄金色〜黄色のニセアカシア'フリーシア'（86p）、前方の手前にはもう一本ノルウェーカエデ'クリムソン・キング'を、そして最前方はクリーム色〜乳白色の斑入りになるミズキ'バリエガタ'（89p）を複層に植栽

2 前方とは異なる色彩のカラーリーフプランツの背景

背景となる後方のカラーリーフプランツは、色彩が目立つ黄色系や赤色系にするほうが無難です。後方に白色系のカラーリーフプランツを配置すると、単に背景になるだけで白色系のリーフカラーそのものの美しさが浮き立ちにくい傾向があります。

後方にフェンスがあるような場合は、萌芽力があって刈り込みができ耐陰性も強いカラーリーフの樹木の枝を誘引したり、蔓植物を這わしたりして背景をつくることもできます。

後方は黄色系のノルウェーカエデ'プリンストン・ゴールド'（64p）、前方は赤紫色系のアメリカハナズオウ'フォレスト・パンシー'（86p）

後方は黄金色〜黄色のニセアカシア'フリーシア'（86p）、前方は夏に赤紫色から濃紫色に変化するバージニアザクラ'ベイリーズ・セレクト'（79p）

フェンスに赤紫色のアカバナトキワマンサク'バーガンディー'（88p）の枝を誘引した背景。前方左は黄金色のオウゴンバアジサイ（59p）、前方右は白色〜クリーム色の斑入りになるベアーグラス（108p）

3 色彩が異なる数種のカラーリーフプランツの複層的背景

たとえば、最後方は赤紫色系、中間は黄色系、前方は白色系のカラーリーフと複層に植栽して、それぞれが順に背景の役割もしながら色彩が映えるようにします。どの観賞スポットから眺めても、それぞれのカラーリーフプランツが完全には重ならないで見えるように配置することが大切です。

中、高木など樹木類のデザイン

色彩デザインの基本

どのような色彩のカラーリーフプランツを選び、それぞれを庭全体にどのように配置してデザインするかは、カラーリーフガーデンを設計する際に必ず事前に十分検討しなければなりません。色彩の組み合わせ方は、樹木類に限らず多年草類でも同様ですが、次の三つに大別できます。

①色彩が異なる種類を混ぜるデザイン

前頁の「色彩が異なる数種のカラーリーフプランツの複層的背景」の手法に似ていますが、いくつかの異なる色彩を互いに引き立つように配置するもので、カラーリーフガーデンの一般的なデザイン手法です。

②同一色彩ブロック（植栽群）を複数組み合わせるデザイン

広いカラーリーフガーデンを造成する場合に適しています。①と組み合わせると色彩にさらに変化をつけることができます。

③同じ系統の色彩に統一するデザイン

中、高木の場合、たとえば白色系のみ、黄色系のみなど、同じ系統の色彩のものだけにすると、一般的に景色が単調になってしまうので適しません。この方法は、庭の一角を修景するようなスペースが狭い場合や、敷地の境界部分に列植する場合などに適しています。

色彩が異なる種類を混ぜるデザイン

2～3の色彩がひと塊になるような景色の組み合わせによりガーデン全体をデザインすると、一般に変化と調和がうまれてまとまりがよくなります。また、組み合わせ方によりそれぞれの色彩が混じりあい、ある部分がモザイク状に見えるようにデザインすることもできます。

モザイク状に見える景色のデザイン

赤紫色系のアメリカテマリシモツケ'ディアボロ'（79 p）、黄色系のシラタマミズキ（サンゴミズキ）'オーレア'（89 p）、白色の斑入りになるマルバノキ'エナニシキ'（87 p）などの低、中木を複層的に植栽するとモザイク状に透けて見える

高木類が全体としてモザイク状に見えるように、ピンク色～白色系のネグンドカエデ'フラミンゴ'（63 p）、黄色系のニセアカシア'フリーシア'（86 p）、夏以降は萌黄色～黄緑色系になるトウカエデ'ハナチルサト'（62 p）、赤紫色系のバージニアザクラ'ベイリーズ・セレクト'（79 p）などを混植

2～3の色彩をひと塊にするデザイン

赤紫色系＋白色～ピンク色系＋黄色系の例
手前：赤紫色系のノルウェーカエデ'クリムソン・キング'（64 p）、
中：白色～ピンク色系のネグンドカエデ'フラミンゴ'（63 p）、
後方：黄色系のニセアカシア'フリーシア'（86 p）

赤紫色系＋黄色系の同種・異色品種の組み合わせ例
左：赤紫色系のノルウェーカエデ'クリムソン・キング'（64 p）、
中央：黄色系のノルウェーカエデ'プリンストン・ゴールド'（64 p）。右側のコニファーは夏頃まで黄色系のコノテガシワ'エレガンティシマ'（99 p）

黄色系＋青色系＋緑葉の例
手前中央：青色(銀青色)系のプンゲンストウヒ'ホプシー'（102 p）、奥中央：黄色系のモントレーイトスギ'ゴールドクレスト'（98 p）、右側：常緑・緑葉の樹木

黄色系＋赤紫色系＋白色系の例
左：黄色系のニセアカシア'フリーシア'（86 p）、中央：赤紫色系のバージニアザクラ'ベイリーズ・セレクト'（79 p）、奥右：白色斑入りのマルバノキ'エナニシキ'（87 p）

白色～ピンク色系＋赤紫色系の例①
赤紫色系のアメリカテマリシモツケ'ディアボロ'（79 p）と白色
～ピンク色系のイヌコリヤナギ'ハクロニシキ'（95 p）

白色～ピンク色系＋赤紫色系の例②
左：赤紫色系のアメリカハナズオウ'フォレスト・パンシー'（86 p）
右：白色～ピンク色系のネグンドカエデ'フラミンゴ'（63 p）

赤紫色系＋黄色系＋白色～ピンク色系の例
手前：赤紫色系のノルウェーカエデ'クリムソン・キング'（64 p）、
中央：黄色系のノルウェーカエデ'プリンストン・ゴールド'（64 p）、
左奥：白色～ピンク色系のネグンドカエデ'フラミンゴ'（63 p）

黄色系＋赤紫色系の例
手前：黄色系で落葉期は枝が黄色に染まるエンジュ'ウインター・
ゴールド'（26 p）、奥：赤紫色系のバージニアザクラ'ベイリーズ・
セレクト'（79 p）

カラーリーフのコニファーと広葉樹を組み合わせるデザイン

青色（銀青色）系コニファー＋白色、赤紫色、黄色系広葉樹の例
左手前：白色系のヤマボウシ'ウルフ・アイ'（90p）、中央：青色（銀青色）系のプンゲンストウヒ'ホプシー'（102p）、奥右：黄色系のヨーロッパニレ'ダンピエリ・オーレア'（78p）。中央後方には赤紫色系のヨーロッパブナ'プルプレア'（83p）が植栽され、背景の役割も果たしている

**青色（銀青色）系コニファー＋
黄色〜クリーム色系広葉樹の例**
奥：トウネズミモチ'トリカラー'（92p）
手前：ヒノキ科青色系コニファーのコロラドビャクシン'ブルー・エンジェル'（99p）

**黄色系コニファー＋赤紫色と
黄色系広葉樹の例**
左：赤紫色系のアメリカハナズオウ'フォレスト・パンシー'（86p）
右：黄色系のアメリカハナズオウ'ハート・オブ・ゴールド'（86p）
右奥：黄色系のニオイヒバ'ヨーロッパ・ゴールド'（100p）とコノテガシワ'エレガンティシマ'（99p）

コニファー類の組み合わせデザイン

　カラーリーフのコニファーの代表的な色彩である青色系と黄色系の組み合わせは、互いが引き立ちます。また、青色系のカラーリーフ樹木は、広葉樹のアカシア類の一部に青色を帯びるものがありますが、強く発色する種類はコニファーにしかありません。コニファーは、カラーリーフガーデンの一角を銀青色に彩る重要な素材です。

中木程度に仕立てた黄金色のサワラ'ゴールデン・モップ'（97 p）と、その前方に下草として配した銀青色〜青緑色のニイタカビャクシン'ブルー・スター'（99 p）がマッチした景色。左奥は緑葉のコニファー

銀青色で枝が斜上するアルプスモミ'コンパクタ'（100 p）の下層に低木のプンゲンストウヒ'グラウカ・グロボサ'（102 p）を添えて一角を青色系でまとめ、後方に黄色系のコニファーを植えて色彩を対比させた配植

緑葉のコニファーの下草（根締め）として黄金色のサワラ'ゴールデン・モップ'（97 p）を配し、その色彩を際立たせた組み合わせ

右側は黄色系のニオイヒバ'ヨーロッパ・ゴールド'（100 p）と新葉は黄色で冬は赤褐色を帯びるコノテガシワ'エレガンティシマ'（99 p）を組み合わせて植栽し、左側に銀青色のプンゲンストウヒ'ホプシー'（102 p）を配した組み合わせ

同一色彩ブロック（植栽群）を複数組み合わせるデザイン

　黄色系、赤色系、白色系ブロックなど、同種同一色彩のカラーリーフプランツを一定のブロック(植栽群)にして扱い、各色のブロックをいくつか組み合わせることによって全体の大まかなカラーハーモニーをデザインする方法です。

　この手法は、広いカラーリーフガーデンを造成する場合などに有効です。いずれにしても、種類ごとの樹形や色彩などの特性を把握して、全体の配色や配植のイメージを事前に構想しておく必要があります。

黄色系で整った円錐形樹形になるメタセコイア'ゴールド・ラッシュ'（96ｐ）をブロックにしたイメージ

ヒノキ科青色系で柔らかいイメージのコロラドビャクシン'ブルー・ヘブン'（99ｐ）をブロックにしたイメージ

力強く気品ある景色をつくるマツ科青色系のコニファー、プンゲンストウヒ'ホプシー'（102ｐ）をブロックにしたイメージ

涼やかな白色系の景色をつくるミズキ'バリエガタ'（89ｐ）をブロックにしたイメージ

黄色系で整った楕円形樹形になる低木のオウゴンコノテガシワ（99ｐ）をブロックにしたイメージ

多年草や低木からなる下草類のデザイン

中・高層と美しいカラーハーモニーを奏でる重要な下草類のデザイン

　中、高木の下層を飾る多年草や小低木、低木を含めた下草類は、中層や上層の樹木の色彩などとの関連性から、カラーリーフガーデンでは重要な構成要素になります。下層の景色となる下草類のデザインの良否はカラーリーフガーデン全体の完成度を左右します。

　遠景や中景を見るときは上から下までの全景が視野となりますが、近くで見る近景では正面から下向き目線になる傾向があります。庭の観賞は、園路を歩きながら目の前の近景を眺めることが多いので、下草類は意外に目に入りやすいのです。下草群としてのカラーハーモニーや高低の抑揚、多年草と低木・小低木の配植割合はもとより、下層と中、高木のカラーハーモニーにも留意してデザインします。

下層は、下草群としての色彩や高低、植物の種類の配分はもとより、中・高木との関係にも留意して計画する

冬のカラーリーフガーデンに彩りを添える常緑性の下草類

　現在流通しているカラーリーフの中木や高木は、落葉広葉樹と針葉樹としてのコニファーが多く、特に高木類のほとんどはこれらで占めています。これは、中木〜高木では、常緑広葉樹よりも落葉広葉樹やコニファーの中にリーフカラーの観賞性が高いものが多いことに起因しています。そのため、カラーリーフガーデンにおけるカラーリーフの常緑高木は、通常、流通量も多いコニファー類を利用することになります。

　このようなことから、カラーリーフガーデンでは、ともすると常緑の中木〜高木が少なくなり、落葉樹が落葉する冬の景色が寂しくなりがちです。

　一方、下草類に利用できる常緑でカラーリーフの小低木〜低木はある程度の種類があり、多年草にも常緑のものがあるので、これらを活用して冬の景色に彩りを添える工夫が大切になります。

耐陰性が強く、樹下などの日陰になりやすい場所にも適する常緑性の下草類には、樹木ではアオキ（89 p）やアメリカイワナンテン（74 p）のカラーリーフ品種など、多年草ではツワブキ（110 p）のカラーリーフ品種やベアーグラス（108 p）などがある
写真は、日陰の樹下を明るくする常緑低木のアオキ'ピクチュラタ'（89 p）

日当たりがよい場所では、常緑低木のコニファー、プンゲンストウヒ'グラウカ・グロボサ'（102 p）などを中心にして、これにパープルセージ（71 p）やアルケミラ・モリス（125 p）などの常緑、または夏緑性の小低木や多年草を組み合わせた下草群をデザインすることができる

冬の景色をカバーする耐陰性が強い常緑性のカラーリーフプランツの組み合わせ例：低木のグミ・エビンゲイ'ギルト・エッジ'（68p）と、多年草のベアーグラス（108p）

常緑性のカラーリーフプランツで地被して冬の寂しい景色をカバーする方法もある。たとえば、常緑性の匍匐性木本（樹木）で黄色斑入りのヒメツルニチニチソウ'イルミネーション'（右、67p）などで一面を地被した中に、赤紫色や黄色で常緑〜半常緑性多年草のヒューケラ類（128〜129p）などを配すると高低の抑揚もつけることができる

半日陰の場所の常緑性と夏緑性の組み合わせ例：低木〜小低木で秋〜冬は斑入り部分が紅色〜ピンク色に染まる常緑のアメリカイワナンテン'レインボー'（74p）と、多年草で赤紫色の葉が美しい夏緑性のマルバダケブキ'ブリットマリー・クロフォード'（111p）

やや高低差をつけたフラットで常緑の下草面にするには、日当たりがよい場所では小低木で白色〜ピンク色の斑入りになるフォックスリータイム（71p）や、ブロンズ色系で常緑の匍匐性多年草、リシマキア・コンゲスティフロラ'ミッドナイト・サン'（116p）などを組み合わせる

冬に枝や幹が色づく低木と組み合わせる

　冬になると、落葉した枝や幹が赤色や黄色、オレンジ色などに色づく樹木があります（26〜27p参照）。代表的なものに、シラタマミズキ（サンゴミズキ）'シビリカ・バリエガタ'やシラタマミズキ（サンゴミズキ）'オーレア'などがあります。

　これらは春から秋の間はカラーリーフプランツとしても観賞できるので、一石二鳥の種類です。これらを他の低木や小低木、多年草と組み合わせて下層に配しておくと、落葉樹でありながら冬の庭を美しく彩ることができます。

シラタマミズキ（サンゴミズキ）'シビリカ・バリエガタ'のカラーリーフが観賞できる春〜秋の姿

枝が色づいたシラタマミズキ（サンゴミズキ）類の冬の姿

明るく、日当たりがよい下層には花も観賞できる下草類を

　中、高木の下層は暗めになりやすいので、全体として明るくなるように、下草類も明るい色彩のものを選ぶようにします。単一種類でまとめる方法もありますが、ベースとなる下草に赤紫色や黄色、白色系のカラーリーフプランツを添えて構成すると、色彩に変化をもたせて観賞ポイントをつくることができます。

　また樹下の日陰になる場所の下草類は、耐陰性が強い限定された種類になりますが、南向き面や周囲が開けていて日当たりがよい場所には、リーフカラーと合わせて、選択肢が広い花も観賞できるものを選んで下草区域を設けることも検討するとよいでしょう。

春季は濃い赤紫色のリシマキア・キリアタ'ファィヤー・クラッカー'（116p）と、輝くように明るい黄色のフウチソウ'オール・ゴールド'（105p）が樹下を明るく彩る

初夏になって葉が緑色を帯び、茎の上方の各葉腋から花柄が伸びてきたリシマキア・キリアタ'ファィヤー・クラッカー'（116p）と赤紫色の花が咲き始めた白色系のラムズイヤー（120p）、そしてメギの赤色系品種（91p）が競い合うように明るい下草群を構成

日当たりのよい場所には、イングリッシュラベンダー（70p）など、花も観賞できるカラーリーフの下草群を設けるのもよい

5～7月頃になると緑黄色の花が群れて咲く景色が楽しめる、アルケミラ・モリス（125p）の下草群

色彩や高低に変化をつける下層景観をデザイン

　下草類は、単に樹下を地被する最下層的な位置づけではなく、色彩や高低に強弱や抑揚が伴った'下層群'として、庭全体の景色を演出する重要な要素です。

　たとえば、フラットな面の一角にブッシュ状の低木を配置したり、同じ種類でもホスタ（ギボウシ）のように品種によって丈や葉の大きさ、色彩が変化に富んでいるものを凹凸ができるように群植したりすれば、変化に富んだ下層の景色になります。また、濃い葉色と明るい葉色のものを組み合わせる方法は、下草類の色彩に変化をつける簡便な手法です。

フラットな下草区画の一角に、低木のアメリカテマリシモツケ'ルテウス'（79p）の鮮やかな黄色と、丈が高く白色〜クリーム色の縞模様になるグラス類としてのシマススキ（105p）を添えて変化をつける

草丈や葉の色彩、大きさが異なるホスタ（112〜113p）を群植した下草景観。ホスタは耐陰性が強いのでシェードガーデンにも重宝する

ともに地面を這うように広がる濃いブロンズ色のリシマキア・コンゲスティフロラ'ミッドナイト・サン'（116p）と、一年中明るい黄緑色〜黄色のリシマキア・ヌムラリア'オーレア'（116p）の組み合わせは、色彩にメリハリのあるフラットな下草を構成する。いずれも初夏頃になると黄色の花が一面に咲く

葉の形がカエデに似た丈が低いティアレラ類（129p）を群植した中に、カーキ色の細長い葉が叢生する丈の高いカレックス'ブキャナニー'（108p）を点在させた例。ティアレラ類が白い花を咲かせると、カレックス'ブキャナニー'の葉色とのコントラストがさらに楽しめる

濃い赤茶色〜赤紫色のペルシカリア・ミクロケファラ'レッド・ドラゴン'（122p）と、ラミウム・マクラツム（118p）の明るい銀灰色の斑入り品種などの組み合わせも、色彩の変化を演出する

❷ カラーリーフガーデンの構想とデザイン

カラーリーフガーデンの設計

● 希望するイメージ平面図の作成手順

　カラーリーフガーデンをつくるにあたっては、最初から造園会社に依頼して、相談・検討を重ねながら設計、施工してもらう方法もありますが、以下のような手順で、あらかじめ自分でイメージをつくってから依頼することもできます。

①敷地を実測して、コピー用紙や方眼紙に1/50（2cmが1m）〜1/100（1cmが1m）程度の縮尺で敷地の平面図をつくる。

②敷地の平面図に、テラスや園路などの位置や形状を決めて描き入れる（既設の場合はその位置や形状を描き入れる）。この平面図は予備を含めて2〜3枚コピーしておく。

③植栽したい場所ごとに、まず中、上層を構成する低木〜高木を、「カラーリーフプランツ選び便利帳」（47〜53p）とPart3の「カラーリーフプランツ図鑑」を参照して、葉の色彩系統、利用樹高、常緑か落葉かなどを確認し、下層としての下草類のデザインも考えに入れつつ、植栽位置に円定規（テンプレート）やコンパスを用いて枝張りの大きさの円を描く。樹木は工業製品ではないので希望通りの大きさのものが入手できるとは限らないため、枝張りは暫定的に高木＝1.5m内外、中木＝1m内外、低木＝50cm内外にして描けばよい。

④次に、下層としての下草類の多年草や小低木〜低木を、「カラーリーフプランツ選び便利帳」とPart3の「カラーリーフプランツ図鑑」を参照して、葉色や草丈（樹高）、匍匐性や這性、花色、常緑か夏緑かなどを確認して選ぶ。下草類は中、上層を構成する低木〜高木を描き入れた図面に合体して描いてもよいが、複雑になってわかりにくくなる場合は、低木〜高木を描き入れた図面をコピーしたものに別に描くようにする。多年草は植栽範囲を区画で、低木類は円で描くか区画で描いてイメージ平面図を完成させる。

　作成したイメージ平面図を造園会社に示し、正式に設計や見積もりを行なってもらいます。希望するカラーリーフプランツの種類は、正確を期すために必ず学名つきで示し、伝えるようにします。造園会社は、希望する種類や大きさのカラーリーフプランツが手配できるかどうかなどを調査しながら設計を進めるので、希望に沿ったものが入手困難な場合は代替えを検討しなければならないこともあります。

● カラーリーフプランツの色彩を選ぶ際の留意点

黄色や青色系は日当たりが悪いと鮮やかに発色しにくい傾向がある

　カラーリーフプランツの多くは、日当たりがよい場所から常に十分な木漏れ日が射すような場所で鮮やかに発色します。色から分けると、黄色や青色系の種類の多くは日当たりが悪いと鮮やかに発色しにくい傾向があります。特に葉の全面が黄色〜黄金色になるもの（オウゴンマサキ、トラデスカンティア・アンダーソニアナ'スイート・ケイト'など）や、銀青色〜青色系になるもの（プンゲンストウヒ'ホプシー'など）は日当たりがよくないと発色が悪くなります。

　一方、赤色、紫色、ブロンズ色系（アメリカテマリシモツケ'ディアボロ'、オオバジャノヒゲ'コクリュウ'など）や、白色の斑入り系（シルバープリペット、ベアーグラスなど）の種類は、やや日当たりが悪い場所でも発色に大きな支障は生じません。

　カラーリーフプランツの色彩を選択する際には、植える場所の日照条件も考慮する必要があります。

銀青色や灰青色、銀白色、灰白色系は風雨などで色があせることがある

　葉の全面が赤色、紫色、ブロンズ色や黄色系になる種類、あるいは白色などの斑入りの種類は、葉の表皮以内の組織が発色源になっているので、風や雨などの物理的な要因によって色が退色することはありません。

　しかし、葉の全面が銀青色や灰青色、銀白色、灰白色系になる種類のほとんどは、葉面を覆った綿毛や粉状物質（ワックス）が発色源です。そのため、理論的には、風雨に強く長くさらされたり擦れたりすると葉の緑色が露出して銀青色などが退色する可能性があります。

　粉状物質（ワックス）が生じるプンゲンストウヒ'ホプシー'などは、容易にはすべての葉が退色することはありませんが、'チョウダイギンヨウ'などの青色系ホスタなどは、たとえば指で葉をこするとその部分がすぐに退色して緑色が露出します。このような性質も知識としてもっておくとよいでしょう。

コニファーと落葉広葉樹でまとめた明るい前庭

[敷地条件]
庭の面積　約23㎡ / 南向きで日当たりがよい
[設計のコンセプト]
●中木～高木の配植など
①カラーリーフのコニファー類を要所に植栽し、黄色系やピンク色、白色系の落葉広葉樹を点在させ、両者のハーモニーで美しい景色にする。
②敷地が狭いのでカラーリーフ樹木の背景処理は特に行なわないが、アプローチを通る際に色彩が複層的に見え、景色が変化するように配植する。
③日当たりがよいアプローチの曲がり角には、銀青色に輝くプンゲンストウヒ'ホプシー'を配置して門から玄関に至るポイントにする。
●下草類のデザイン
　アプローチの周辺に、開けた下草類の植栽スペースを確保し、木漏れ日が射す樹下と合わせて一面をカラーリーフの下草類で覆って広がり感を出し彩りも添える。

【中木～高木】

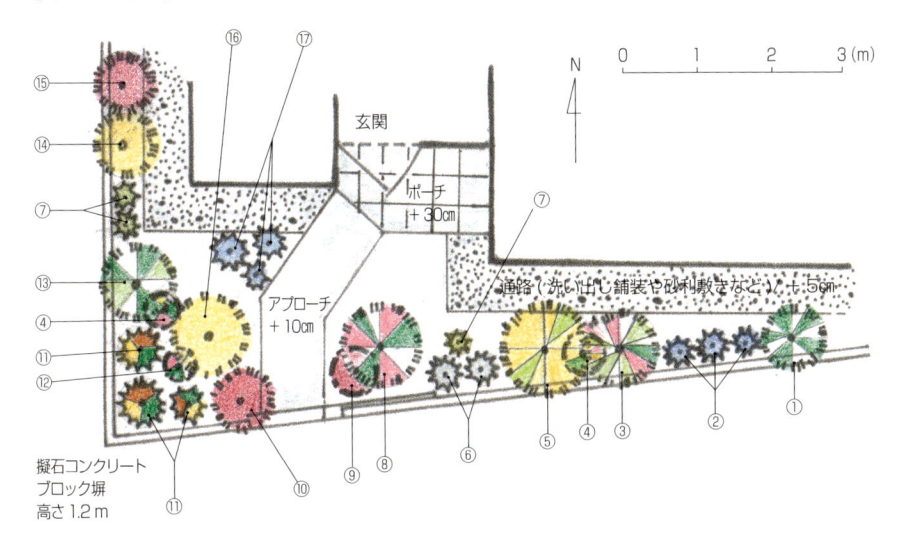

①ヤマボウシ'ウルフ・アイ' / 中木
②コロラドビャクシン'ブルー・エンジェル' / 中木
③トウカエデ'ハナチルサト' / 高木
④トウネズミモチ'トリカラー' / 中木
⑤ネグンドカエデ'ケリーズ・ゴールド' / 高木
⑥アリゾナイトスギ'ブルー・アイス' / 中木～高木
⑦アリゾナイトスギ'サルフレア' / 中木
⑧ネグンドカエデ'フラミンゴ' / 高木
⑨アカバナトキワマンサク'バーガンディー' / 中木
⑩ノルウェーカエデ'クリムソン・キング' / 中木～高木
⑪コノテガシワ'エレガンティシマ' / 高木
⑫サカキ'トリカラー' / 中木
⑬ネグンドカエデ'バリエガツム' / 高木
⑭ノルウェーカエデ'プリンストン・ゴールド' / 高木
⑮ベニスモモ / 高木
⑯ニセアカシア'フリーシア' / 高木
⑰プンゲンストウヒ'ホプシー' / 低木～中木の組み合わせ

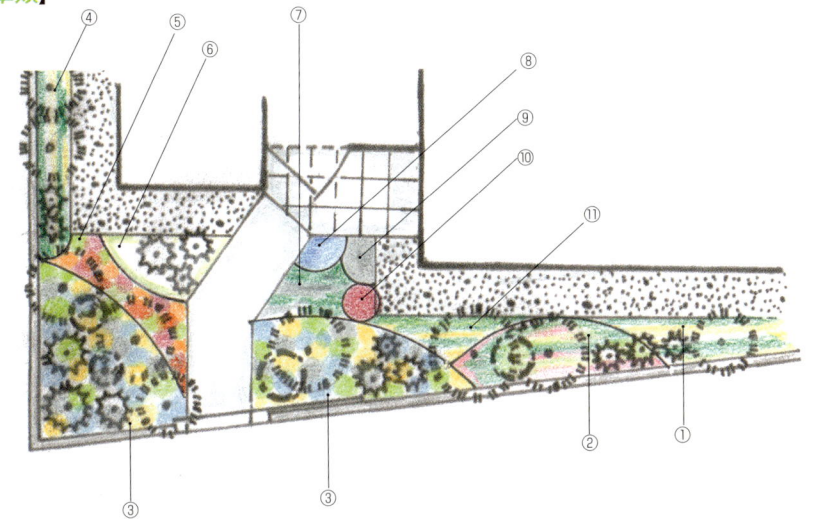

擬石コンクリートブロック塀 高さ1.2m

【下草類】

①セイヨウキヅタ'ホワイト・メイン・ハート'
　セイヨウキヅタ'ゴールド・ハート'
②ゴシキドクダミ
③ホスタ(黄色系、白色系、青色系などの混植)
④フイリフッキソウ
⑤ヒューケラ、ティアレラ類（各種品種の混植）
⑥ベアーグラス
⑦ラミウム・マクラツム'ビーコン・シルバー'
　ラミウム・ガレオブドロン
⑧フェスツカ・グラウカ
⑨ユーフォルビア・リギダ
⑩ニューサイラン'プルプレア'
⑪ヒメツルニチニチソウ'イルミネーション'

変形地を機能的に区分けし冬には色づいた枝も観賞できる主庭

[敷地条件]
庭の面積　約52㎡の変形地／北向きで条件は悪いが、西日が射す時間はやや長い

[設計のコンセプト]

● 低木～高木の配植など

① 生育を西日に頼らざるを得ないので、西側を中心とする境界はキンマサキやグミ・エビンゲイ'ギルト・エッジ'などの生垣や中木を主体にした低めの植栽とし、高木は東側に寄せて植栽する。
② 背景は、北側と西側は生垣や中木で、東側は高木の複層的植栽にする。
③ 変形地を機能的にするためにテラスと結ぶ回遊路を設け、その周辺には落葉後に枝が赤く色づくシラタマミズキ（サンゴミズキ）'シビリカ・バリエガタ'とシラタマミズキ（サンゴミズキ）'オーレア'を多数植栽する。また、枝がオレンジ色になるイロハモミジ'カツラ'や枝が赤くなるオオモミジ'ショウジョウノムラ'も点在させて、春から秋はそれらのカラーリーフを、冬は色づいた枝が楽しめるようにする。

● 下草類のデザイン

　ホスタやツワブキ、フイリヤブランなど耐陰性が強い種類を選定し、常緑性のものと夏緑性のものを織り交ぜて植栽する。

【低木～高木、生垣】

① アカバナトキワマンサク'バーガンディー'（生垣／高さ1.5m）
② キンマサキ（生垣／高さ1.5m）
③ カツラ'レッド・フォックス'／中木
④ シラタマミズキ（サンゴミズキ）'シビリカ・バリエガタ'／低木
⑤ バージニアザクラ'ベイリーズ・セレクト'／中木
⑥ セイヨウシャクナゲ'プレジデント・ルーズベルト'／低木
⑦ シラタマミズキ（サンゴミズキ）'オーレア'／低木
⑧ ヤマボウシ'ゴールド・スター'／中木
⑨ チャボヒバ（緑葉のコニファー）／中木
⑩ サカキ'トリカラー'／中木
⑪ イロハモミジ'カツラ'／中木～高木
⑫ ニセアカシア'フリーシア'／高木
⑬ マルバノキ'エナニシキ'／中木
⑭ ネグンドカエデ'フラミンゴ'／高木
⑮ ギンマサキ／中木
⑯ グミ・エビンゲイ'ギルト・エッジ'（生垣／高さ1.5m）
⑰ グミ・エビンゲイ'ギルト・エッジ'（生垣／高さ1.2m）
⑱ イロハモミジ'チシオ'／中木～高木
⑲ アオキ'ピクチュラタ'／低木
⑳ オウゴンイタヤ／中木
㉑ イロハモミジ'カツラ'／中木
㉒ ノルウェーカエデ'クリムソン・キング'／中木～高木
㉓ ノルウェーカエデ'プリンストン・ゴールド'／高木
㉔ アメリカハナズオウ'フォレスト・パンシー'／中木
㉕ シラタマミズキ（サンゴミズキ）'シビリカ・バリエガタ'／低木・2本
　 シラタマミズキ（サンゴミズキ）'オーレア'／低木・1本
㉖ アメリカイワナンテン'レインボー'／低木
㉗ オオモミジ'ショウジョウノムラ'／高木

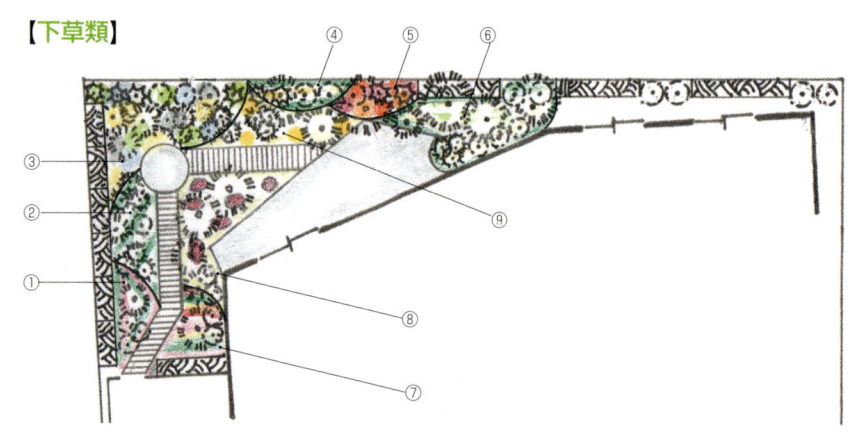

※テラスは好みにより、乱形石材張り／タイル張り／レンガ敷き／モルタル仕上げなどにする

【下草類】

① セリ'フラミンゴ'
② フイリヤブラン
③ ホスタ（黄色系、白色系、青色系などの混植）
④ ツワブキ'ウキグモ'
　 ツワブキ'テンボシ'
⑤ ヒューケラ、ティアレラ類（各種品種の混植）
⑥ フイリイワミツバ
⑦ アジュガ・レプタンス'マルチカラー'
⑧ ベアーグラスの中にリシマキア・キリアタ'ファイヤー・クラッカー'を点在させる
⑨ ベアーグラス（縁にフウチソウ'オール・ゴールド'を混植）

カラーリーフの多年草用花壇を前景に独立させた主庭

[敷地条件]
庭の面積 約46㎡／南向きで東からの日差しも得られ、日当たりがよい

[設計のコンセプト]
●低木～高木の配植など
①テラスに接して前景にカラーリーフの多年草用花壇を設け、この花壇越しにカラーリーフの樹木群をくつろいで観賞できる庭にする。
②高木は西側に集中させて西日を遮り、南側の一部は中木程度のコニファー群にして景色に変化をつけると同時に、カラーリーフの多年草用花壇への日当たりを確保する。また、南側を中心とする花壇に近い部分は主に低、中木や匍匐性の樹木で処理する。
③西側の高木群はテラスからカラーリーフが複層的に見えるように配植する。

●下草類のデザイン
　花壇は、幅約1m、長さ10m弱にして、多種類のカラーリーフの多年草が楽しめるスペースを確保する。

【低木～高木】
①スダジイ 'アンギョウ・イエロー' ／中木
②アメリカハナズオウ 'ハート・オブ・ゴールド' ／低木～中木
③アメリカテマリシモツケ 'ディアボロ' ／低木
④アメリカハナズオウ 'フォレスト・パンシー' ／低木～中木
⑤アメリカテマリシモツケ 'ルテウス' ／低木
⑥ヤマボウシ 'ウルフ・アイ' ／中木～高木
⑦オウゴンバアジサイ ／低木
⑧フイリガクアジサイ ／低木
⑨スモークツリー 'ロイヤル・パープル' ／低木～中木
⑩ネグンドカエデ 'バリエガツム' ／高木
⑪トウネズミモチ 'トリカラー' ／中木
⑫オオモミジ 'ショウジョウノムラ' ／高木
⑬ネグンドカエデ 'フラミンゴ' ／高木
⑭スモークツリー 'グレース' ／低木～中木
⑮サワラ 'フィリフェラ・オーレア' ／中木～高木
⑯コロラドビャクシン 'ムーングロウ' ／中木
⑰レイランドヒノキ 'ゴールド・ライダー' ／低木～中木の混植
⑱コノテガシワ 'エレガンティシマ' ／中木～高木
⑲ブッドレア 'シルバー・アニバーサリー' ／低木
⑳ベニスモモ ／高木
㉑トウネズミモチ 'トリカラー' ／低木～中木
㉒フイリヒメユズリハ ／低木～中木
㉓トウカエデ 'ハナチルサト' ／高木
㉔ノルウェーカエデ 'クリムソン・キング' ／中木～高木
㉕オウゴンモチ ／高木
㉖アメリカフウ 'シルバー・キング' ／高木
㉗ニセアカシア 'フリーシア' ／中木～高木

※テラスは好みにより、乱形石材張り／タイル張り／レンガ敷き／モルタル仕上げなどにする

土留（コンクリート等／＋45㎝）
花壇縁石（レンガ積み等／＋45㎝）
コンクリートブロック塀 高さ1.2m
洗い出し舗装 ＋10㎝
テラス ＋30㎝

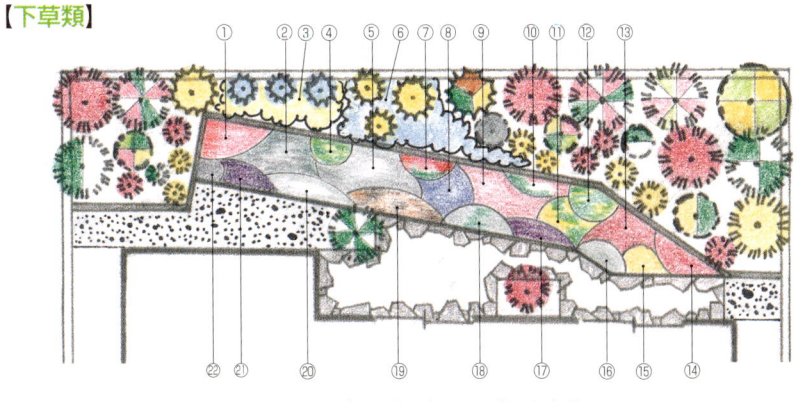

【下草類】
①ハクチョウソウ 'チェリー・ブランディー'
②エリシマム 'ボーレス・ムーブ'
③ビャクシン 'セイブロック・ゴールド'
④シマススキ
⑤ラムズイヤー
⑥ニイタカビャクシン 'ブルー・カーペット'
⑦ニューサイラン 'レインボー・サンライズ'
⑧マツカサアザミ 'ブルー・グリッター'
⑨ペンステモン・ディギタリス 'ハスカー・レッド'
⑩トワダアシ
⑪セイヨウオダマキ 'レプレチャウン・ゴールド'
⑫ススキ 'ゴールド・バー'
⑬リシマキア・キリアタ 'ファイヤー・クラッカー'
⑭マルバダケブキ 'ブリットマリー・クロフォード'
⑮トラデスカンティア・アンダーソニアナ 'スイート・ケイド'
⑯ユーフォルビア・リギダ
⑰ムラサキゴテン
⑱ダイアンサス 'ライオン・ロック'
⑲リシマキア・コンゲスティフロラ 'ミッドナイト・サン'
⑳シロミミナグサ
㉑オオバジャノヒゲ 'コクリュウ'
㉒アサギリソウ

蔓性植物・多年草・低木・中木〜高木群と、階層景観の主庭

[敷地条件]
庭の面積　約70㎡／南西向きで、日当たりがよい整形地

[設計のコンセプト]

●中木〜高木の配植など

①中木〜高木は、西側から「色彩複雑系」、「白色〜ピンク色系」、「赤色系」、「黄色系」のブロックを連ねて植栽する。

②建物に接する部分をすべてテラスにし、三カ所に凸部をつくってそれぞれの先端部がカラーリーフの樹木群に入り込むような形状にする。これによりそれぞれの位置から斜め方向に眺めると、連続して重なり合ったカラーリーフ樹木の美しいハーモニーが楽しめるようになる。

③各テラスの先端部には、大小のカラーリーフの多年草用花壇を設け、各花壇への日当たりが悪くならない四カ所にトレリスを設置して蔓性のカラーリーフプランツも植栽する。

④花壇と境界沿いの中木〜高木に挟まれる空間は低木群にし、テラスから眺めると、多年草群→低木群→中木〜高木群と、階層構造景観にする。

●低木、下草類のデザイン

①低木群には花も観賞できるカラーリーフプランツを多用し、また常緑樹も混植して冬季もある程度の葉群が観賞できるようにする。

②カラーリーフの多年草用花壇を設けると、手入れや維持管理がしやすい利点がある。植栽する種類は、「カラーリーフの多年草用花壇を前景に独立させた主庭」（45ｐ）で示したように、リーフカラーや草丈などを考慮して選定し、組み合わせを決める。

【中木〜高木、生垣、トレリス】

①ギンマサキ（生垣／高さ1.2ｍ）
②イロハモミジ 'コチョウノマイ'
③ゴシキヒイラギ
④ナンキンハゼ 'メトロ・キャンドル'
⑤トウネズミモチ 'トリカラー'
⑥トウカエデ 'ハナチルサト'
⑦ネグンドカエデ 'バリエガツム'
⑧フイリヒイラギ
⑨ヤマボウシ 'ウルフ・アイ'
⑩ネグンドカエデ 'フラミンゴ'
⑪ギンマサキ
⑫ノルウェーカエデ 'クリムソン・キング'
⑬カツラ 'レッド・フォックス'
⑭アカバナトキワマンサク 'バーガンディー'
⑮バージニアザクラ 'ベイリーズ・セレクト'
⑯ベッコウマサキ
⑰ノルウェーカエデ 'プリンストン・ゴールド'
⑱ハナミズキ 'チェロキー・サンセット'
⑲ネグンドカエデ 'ケリーズ・ゴールド'
⑳ネグンドカエデ 'オーレオマルギナツム'
㉑オウゴンモチ
㉒オウゴンイタヤ
㉓ベッコウマサキ（生垣／高さ1.2ｍ）
㉔ネムノキ 'サマー・チョコレート'
㉕ヨーロッパニレ 'ダンピエリ・オーレア'

※テラスは好みにより、乱形石材張り／タイル張り／レンガ敷き／モルタル仕上げなどにする。ウッドデッキにすることもできる。

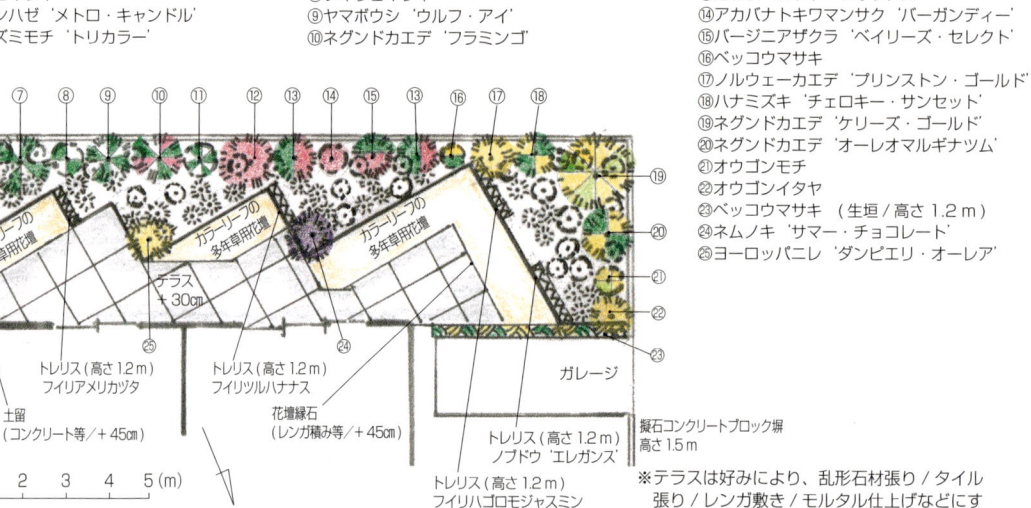

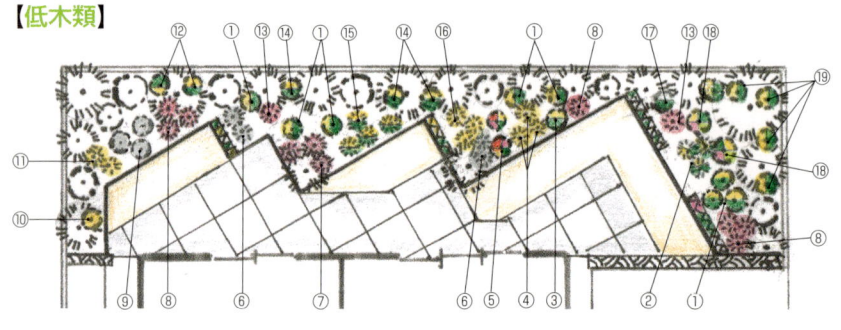

【低木類】

①セイヨウシャクナゲ 'プレジデント・ルーズベルト'
②オオベニウツギ 'バリエガタ'
③ジンチョウゲ 'マエジマ'
④カリオプテリス・クランドネンシス 'ウォーセスター・ゴールド'
⑤アセビ 'フレーミング・シルバー'
⑥ロシアンセージ
⑦レッドリーフローズ
⑧アメリカテマリシモツケ 'ディアボロ'
⑨ブッドレア 'シルバー・アニバーサリー'
⑩ヤマアジサイ 'ゴールデン・サンライド'
⑪オウゴンバアジサイ
⑫アオキ 'サルフレア・マルギナタ'
⑬オオベニウツギ 'アレキサンドラ'
⑭グミ 'エビングイ・ギルト・エッジ'
⑮カリオプテリス・クランドネンシス 'サマー・ソルベット'
⑯オオベニウツギ 'ブライアント・ルビドール'
⑰ヤツデ 'ツムギシボリ'
⑱サカキ 'トリカラー'
⑲アオキ 'ピクチュラタ'

3 カラーリーフガーデンの構想とデザイン

カラーリーフプランツ選び便利帳

●葉色の系統や樹高などから選べる便利帳

　カラーリーフガーデンを構想しデザインする際に、用いる植物を高さや大きさ、色彩などから選んだり組み合わせたりしやすいように作成したのが「カラーリーフプランツ選び便利帳」です。

　樹木はその樹高・形状から「中木〜高木」、「低木〜中木」、「低木」、「小低木」、「匍匐状」、「蔓状」に、さらにそれぞれを常緑と落葉に分けました（半落葉のものは程度を加味していずれかに区分しています）。小低木は約50㎝以下、低木は50㎝〜1.5m内外、中木は1.5m〜3m内外、高木は約3m以上を目安にしています。樹高は、剪定などの管理である程度調整することができるものがあり、また庭でよく利用する大きさもあるので、本書ではこれらを考慮して本来の樹高にこだわらず、「利用樹高」として示しています。このような樹種は、たとえば、放任状態では高木になるものでも、「中木〜高木」と表示しています。

　多年草は草丈・形状から「草丈が高めのもの（およそ30㎝以上）」、「草丈が低めのもの（およそ30㎝未満）」、「匍匐状〜這性」の三つに分けました。草丈は原則として花茎を含まないおよその丈で区分しています。それぞれを冬の葉の状態から「常緑」、「常緑〜半常緑」、「半常緑〜夏緑」、「夏緑」に分けました。「常緑」は冬でも地上部が枯れないもの、「半常緑」は地上部が生き残るがそのボリュームが少ないもの、「夏緑」は冬に地上部が枯れるものです。

　葉色は、明確に区分けするのが難しいものもありますが、大まかに「白色〜乳白色系、銀白系、灰緑色系」、「ピンク色系」、「黄色系、クリーム色系」、「赤色〜紫色系、ブロンズ色系」、「青色系」、「色彩転換系、色彩・模様複雑系」の六つに分類しています。「色彩転換系、色彩・模様複雑系」には、時期により別の色彩に変わるもの（色彩転換系）と、同時にまたは環境変化等に応じて複数の色彩が発色するようなものや斑入り模様が複雑なもの（色彩・模様複雑系）を区分しています。

一般的な斑入りのものは、便宜的に斑入り部分の色彩の系統色によって分類しています。色彩が複数の系統に見えるもの、たとえば乳白色〜クリーム色の斑入りになるもので白色系にも黄色系にも見えるものは、それぞれに重複記載しています。また、「色彩転換系、色彩・模様複雑系」に区分けした種類も、ある時期に特に目立つ色彩になるものはその系統色にも重複して記載しています。

● Part 3のカラーリーフプランツ図鑑で詳細を確認

　植物の名称は、「種名（または属名）○○○○○ '園芸品種名×××'」で記載しています。植物名の末の（○○）は、そのカラーリーフプランツが記載された「Part3 カラーリーフプランツ図鑑」のページです。この表で大まかに選択し、カラーリーフプランツ図鑑で色彩の詳細や耐寒性、耐陰性などの特性を調べ、植栽する環境に適しているかを確かめてから決めます。

　「Part3 カラーリーフプランツ図鑑」には、それぞれに学名も記載しています。学名は、植物の分類階級の属名と種小名（属名の次に記載）などがラテン語で表記された世界共通の名前です。

　たとえばフイリキョウチクトウ[斑入りキョウチクトウ]は *Nerium indicum* 'Variegata' が学名です。*Nerium indicum* はキョウチクトウを、Variegata がその園芸品種名を表わしています。このVariegataは、ラテン語で「斑紋（斑入り）がある」ことを意味し、学名を見れば「キョウチクトウの斑入りの品種」であることがわかります。

　園芸品種名については、すべてがラテン語で表記されているわけではありませんが、下表のような、学名で比較的よく使われる、特徴などを表わす言葉を覚えておくと便利です。なお、ラテン語の読み方は、本来のラテン語読みにする場合、ローマ字読みにする場合、英語読みにする場合と、学術界以外ではかなりまちまちです。

ラテン語	カタカナ表記（読み方）の例	意　　味
variegata/variegatum/variegated	バリエガタ、バリエガータ／バリエガツム／バリエゲイテッド	斑紋（斑入り）がある
minor	ミノール、ミノル	小さい
major/grandi	マジョール／グランディ	大きい
longifolia	ロンギフォーリア、ロンギフォリア	長い (longi) 葉 (folia)
grandiflorum	グランディフロラム、グランディフローラム	大きい (grandi) 花 (florum)
marginata	マルギナタ、マルギナータ	縁取りがある
pendula	ペンデュラ	下垂する（枝垂れる）
fastigiata	ファスティギアタ、ファスティギアータ	束になって直立する（箒状の）
sinensis	シネンシス	中国産の
aurea/aureum/aureo	オーレア／オーレウム／オーレオ	黄色の、黄金の
atropurpurea	アトロプルプレア	暗い (atro) 紫色 (purpurea) の
alba/albo/albi	アルバ／アルボ／アルビ	白い
glauca	グラウカ	青灰色の、鉛色の
rubra/rubrum	ルブラ／ルブラム	赤い
violacea	ビオラセア	すみれ色の
tricolor	トリカラー、トリコロール	3 (tri) 色 (color) の

● 樹　木

利用樹高	葉色	白色〜乳白色系、銀白色系、灰緑色系	ピンク色系	黄色系、クリーム色系	赤色〜紫色系、ブロンズ色系	青色系	色彩転換系、色彩・模様複雑系
中木〜高木	常緑	アリゾナイトスギ'ブルー・アイズ'(97) サカキ'トリカラー'(75) サワラ'ボールバード[ブルーバード]'(97) フイリシマトネリコ(92) フイリヒメユズリハ(95) マウンテンスワンプガム(81) ユーカリ・グニー(81)		アリゾナイトスギ'サルフレア'(97) イタリアンサイプレス'スワンズ・ゴールデン'(98) オウゴンジャクヒバ(96) オウゴンチャボヒバ(96) オウゴンモチ(94) コノテガシワ'エレガンティシマ'(99) サカキ'トリカラー'(75) サワラ'フィリフェラ・オーレア'(97) スダジイ'アンギョウ・イエロー'(82) トウネズミモチ'トリカラー'(92) ニオイヒバ'ヨーロッパ・ゴールド'(100) ヒノキ'クリプシー'(96) ヒマラヤスギ'オーレア'(101) フイリシマトネリコ(92) レイランドヒノキ'ゴールド・ライダー'(98)		アトラスシーダー'グラウカ'(101) アリゾナイトスギ'ブルー・アイズ'(97) コロラドビャクシン'ウィチタ・ブルー'(99) コロラドビャクシン'ブルー・エンジェル'(99) コロラドビャクシン'ブルー・ヘブン'(99) コロラドビャクシン'ムーングロウ'(99) プンゲンストウヒ'コースター'(102) プンゲンストウヒ'ファット・アルバート'(102) プンゲンストウヒ'ホプシー'(102) マウンテンスワンプガム(81)	コノテガシワ'エレガンティシマ'(99)
	落葉	アメリカフウ'シルバー・キング'(87) イロハモミジ'コチョウノマイ'(64) ギンドロ(葉裏)(95) ギンドロ'ラケット'(葉裏)(95) ギンドロ'リチャーディー'(葉表：黄色、葉裏：白色)(95) ケヤキ'バリエガタ'(78) コブカエデ'カーニバル'(62) トウカエデ'ハナチルサト'(62) ネグンドカエデ'バリエガツム'(63) ネグンドカエデ'フラミンゴ'(63) ミズキ'バリエガタ'(89) ヤマボウシ'ウルフ・アイ'(90)	ネグンドカエデ'フラミンゴ'(63)	アメリカフウ'ナリー'(87) イギリスナラ'コンコルディア'(83) イロハモミジ'カツラ'(64) オウゴンイタヤ(65) オウゴンガシワ(83) ギンドロ'リチャーディー'(葉表：黄色、葉裏：白色)(95) ケヤキ'オウゴン'(78) ナンキンハゼ'メトロ・キャンドル'(76) ニセアカシア'フリーシア'(86) ネグンドカエデ'エレガンス'(63) ネグンドカエデ'オーレオマルギナツム'(63) ネグンドカエデ'ケリーズ・ゴールド'(63) ノルウェーカエデ'プリンストン・ゴールド'(64) ハナミズキ'チェロキー・サンセット'(90) ハナミズキ'レインボー'(90) メタセコイア'ゴールド・ラッシュ'(96) ヤマボウシ'ゴールド・スター'(90) ヨーロッパニレ'ダンピエリ・オーレア'(78)	イロハモミジ'チシオ'(64) オオモミジ'ショウジョウノムラ'(62) カツラ'レッド・フォックス'(65) ネムノキ'サマー・チョコレート'(85) ノルウェーカエデ'クリムソン・キング'(64) ノルウェーカエデ'ロイヤル・レッド'(64) バージニアザクラ'ベイリーズ・セレクト'(79) ベニスモモ(79) ベニスモモ'ファスティギアタ'(79) ヤマモミジ'イナバシダレ'(62) ヨーロッパブナ'ダーウィック・パープル'(83) ヨーロッパブナ'プルプレア'(83) ヨーロッパブナ'プルプレア・トリカラー'(83)		イロハモミジ'カツラ'(64) イロハモミジ'コチョウノマイ'(64) イロハモミジ'チシオ'(64) オウゴンガシワ(83) カツラ'レッド・フォックス'(65) ケヤキ'バリエガタ'(78) トウカエデ'ハナチルサト'(62) ナンキンハゼ'メトロ・キャンドル'(76) ネムノキ'サマー・チョコレート'(85) バージニアザクラ'ベイリーズ・セレクト'(79) ヤマモミジ'イナバシダレ'(62)

利用樹高	葉色	白色～乳白色系、銀白系、灰緑色系	ピンク色系	黄色系、クリーム色系	赤色～紫色系、ブロンズ色系	青色系	色彩転換系、色彩・模様複雑系
低木～中木	常緑	ギンマサキ（77） ギンヨウアカシア（84） サンカクバアカシア（85） シルバープリペット（93） セイヨウヒイラギ'ハンドワース・ニュー・シルバー'（95） パールアカシア（85） フイリヒイラギ（93）		イレックス・アルタクレレンシス'ゴールデン・キング'（95） イレックス・アテヌアタ'サニー・フォスター'（94） オウゴンヒイラギ（93） オウゴンマサキ（77） オオバイボタ'オーレアム'（93） オオバイボタ'レモン・アンド・ライム'（93） キンマサキ（77） ギンヨウアカシア'オーレア'（84） チャイニーズホーリー'オースプリング'（94） ニオイシュロラン'トーベイ・ダズラー'（66） ヒマラヤスギ'ゴールデン・ホリゾン'（101） フイリキョウチクトウ（67） ベッコウマサキ（77） メラレウカ'レボリューション・ゴールド'（81） モントレーイトスギ'ゴールドクレスト'（98） モントレーイトスギ'ゴールドクレスト・ウイルマ[ウイルマ]'（98） リガストラム'ビカリー'（93）	アカバナトキワマンサク'バーガンディー'（88） ギンヨウアカシア'プルプレア'（84） セイヨウカナメモチ'スカーレット・パール'（78） セイヨウカナメモチ'レッド・ロビン'（78） ニオイシュロラン'アトロプルプレア'（66） ニオイシュロラン'サウザン・スプレンダー'（66） ニオイシュロラン'レッド・スター'（66） ヌマヒノキ'レッド・スター[パープル・フェザー]'（97） メラレウカ'レッド・ジェム'（81）	アトラスシーダー'グラウカ・ペンデュラ'（101） アルプスモミ'コンパクタ[アリゾニカ・コンパクタ]'（100） コロラドモミ'ビオラシア'（100） ヌマヒノキ'レッド・スター[パープル・フェザー]'（97） ノーブルモミ'グラウカ'（100） パールアカシア（85） ブルーブッシュアカシア（85）	ゴシキヒイラギ（93） セイヨウカナメモチ'スカーレット・パール'（78） セイヨウカナメモチ'レッド・ロビン'（78） ヌマヒノキ'レッド・スター[パープル・フェザー]'（97）
	落葉	アメリカハナズオウ'シルバー・クラウド'（86） イヌコリヤナギ'ハクロニシキ'（95） マルバノキ'エナニシキ'（87）	イヌコリヤナギ'ハクロニシキ'（95）	アメリカハナズオウ'ハート・オブ・ゴールド'（86） スモークツリー'ゴールデン・スピリット'（61） トサミズキ'スプリング・ゴールド'（87）	アメリカハナズオウ'フォレスト・パンシー'（86） アメリカハナズオウ'ルビー・フォールズ'（86） スモークツリー'グレース'（61） スモークツリー'ロイヤル・パープル'（61） セイヨウハシバミ'プルプレア'（65） プルヌス・システナ（80）		アメリカハナズオウ'シルバー・クラウド'（86） アメリカハナズオウ'ルビー・フォールズ'（86） イヌコリヤナギ'ハクロニシキ'（95） セイヨウハシバミ'プルプレア'（65） プルヌス・システナ（80）
低木	常緑	アセビ'フレーミング・シルバー'（75） エルサレムセージ（70） ゴンフォスティグマ・ビルガツム（68） セイヨウツゲ'エレガンティシマ'（74） フイリアブチロン（白色斑品種）（58） フイリギンバイカ（81） フイリヤツデ（60） ブッドレア'シルバー・アニバーサリー'（68） ヤツデ'ツムギシボリ'（60）		アオキ'サルフレア・マルギナタ'（89） アオキ'ピクチュラタ'（89） アベリア'フランシス・メイソン'（72） イヌツゲ'キフジン'（94） イヌツゲ'ゴールデン・ジェム'（94） オウゴンキャラボク（96） オウゴンコノテガシワ（99） グミ・エビンゲイ'ギルト・エッジ'（68） グミ・エビンゲイ'コースタル・ゴールド'（68） グミ・エビンゲイ'ライムライト'（68） コロニラ・バレンチナ'バリエガタ'（86） ジンチョウゲ'マエジマ'（72） セイヨウシャクナゲ'プレジデント・ルーズベルト'（75） チョイシア・テルナタ'サンダンス'（88） ナワシログミ'マキュラタ'（68） ニオイヒバ'ラインゴールド'（100） ヒノキ'ナナルテア'（96） ヒペリカム'サマー・ゴールド'（61） フイリアブチロン（黄色斑品種）（58）		イタリアカサマツ（102） プンゲンストウヒ'グラウカ・グロボサ'（102） プンゲンストウヒ'モンゴメリー'（102）	アセビ'フレーミング・シルバー'（75） アベリア'サンライズ'（72） オウゴンキャラボク（96） オウゴンコノテガシワ（99） ニオイヒバ'ラインゴールド'（100） ヒサカキ'ザンセツ'（75） ピラカンサ'ハーレークイーン[ハーレクイン]'（78） ヤツデ'ツムギシボリ'（60）

利用樹高	葉色	白色～乳白色系、銀白色、灰緑色系	ピンク色系	黄色系、クリーム色系	赤色～紫色系、ブロンズ色系	青色系	色彩転換系、色彩・模様複雑系
低木	落葉	オオベニウツギ'バリエガタ'(73) シラタマミズキ(サンゴミズキ)'シビリカ・バリエガタ[エレガンティシマ]'(89) スズランノキ'ブルー・スカイ'(75) フイリガクアジサイ(59)	コデマリ'ピンク・アイス'(80) ムラサキシキブ'シジムラサキ'(69) メギ'ハーレークイン[ハーレクイン]'(91)	アメリカテマリシモツケ'ルテウス'(79) オウゴンバアジサイ(59) オオベニウツギ'ブライアント・ルビドール'(73) ガクアジサイ'レモン・ウェーブ'(59) カシワバアジサイ'リトル・ハニー'(59) シラタマミズキ(サンゴミズキ)'オーレア'(89) ヒペリカム'ゴールドフォーム'(61) ヒペリカム'マーブル・イエロー'(61) メギ'オーレア'(91) ヤマアジサイ'ゴールデン・サンライド'(59)	アメリカテマリシモツケ'ディアボロ'(79) オオベニウツギ'アレキサンドラ'(73) メギ'アトロブルブレア'(91) メギ'ハーレークイン[ハーレクイン]'(91) メギ'ヘルモンド・ピラー'(91) メギ'ローズ・グロー'(91) レッドリーフローズ[ロサ・ルブリフォリア](80) ロサ・ルブリフォリア'カルムネッタ'(80)		ガクアジサイ'レモン・ウェーブ'(59) コデマリ'ピンク・アイス'(80) ムラサキシキブ'シジムラサキ'(69) メギ'ハーレークイン[ハーレクイン]'(91) メギ'ローズ・グロー'(91)
小低木	常緑	アベリア'コンフェッティ'(72) アメリカイワナンテン'トリカラー'(74) イングリッシュラベンダー(70) カルナ'シルバー・ローズ'(74) クッションブッシュ(66) コキア・ダイヤモンドダスト(58) コプロスマ・キルキー'バリエガタ'(58) サントリナ・カマエキパリッスス(66) シルバータイム(71) ヒメシャクナゲ'ブルー・アイス'(74) フイリフッキソウ(74) フォックスリータイム(71) フレンチラベンダー(70) ヘリクリサム・イタリカム'コルマ'(66) マンリョウ'タカラブネニシキ'(69) ラバンディンラベンダー[ラバンジンラベンダー](70) ヤブコウジ'ハクオウカン'(69) レースラベンダー(70) ユリオプスデージー(66) ユリオプスデージー'フィリップス'(66)	サザンクロス'フイリーナ'(88) マンリョウ'ベニクジャク'(69)	アベリア'ジャックポット'(72) カルナ'ゴールド・ヘイズ'(74) ゴールデン・クイーンタイム(71) ゴールデンセージ(71) ゴールデン・レモンタイム(71) サザンクロス'フイリーナ'(88) ヒメマサキ'オーレオ・バリエガタ'(76) ヒメマサキ'ゴールド・ダスト'(76) ミヤマシキミ'マジック・マルロー'(88) ヤブコウジ'ミホノマツ'(69) ユリオプスデージー'フィリップス'(66)	コプロスマ・レペンス'コーヒー'(58) コプロスマ・レペンス'夕焼け小焼け'(58) トリコロールセージ(71) パープルセージ(71) マンリョウ'ベニクジャク'(69)		アメリカイワナンテン'トリカラー'(74) アメリカイワナンテン'レインボー'(74) サザンクロス'フイリーナ'(88) トリコロールセージ(71) マンリョウ'ベニクジャク'(69)
	落葉	ロシアンセージ(70)		カリオプテリス・クランドネンシス'ウォースター・ゴールド'(69) カリオプテリス・クランドネンシス'サマー・ソルベット'(69) シモツケ'ゴールドフレーム'(80)			

利用樹高	葉色	白色〜乳白色系、銀白系、灰緑色系	ピンク色系	黄色系、クリーム色系	赤色〜紫色系、ブロンズ色系	青色系	色彩転換系、色彩・模様複雑系
匍匐状	常緑	コトネアスター・グラウコフィラス (78) コンボルブルス・クネオルム'スノー・エンジェル' (80)	ヒペリカム'トリカラー' (61)	アメリカハイビャクシン'マザー・ローデ' (98) サワラ'ゴールデン・モップ' (97) ビャクシン'セイブロック・ゴールド' (98) ロニセラ・ニティダ'エドミー・ゴールド' (73) ロニセラ・ニティダ'レモン・ビューティー' (73)		ニイタカビャクシン'ブルー・カーペット' (99) ニイタカビャクシン'ブルー・スター' (99)	ヒペリカム'トリカラー' (61)
蔓状	常緑	シロオカメヅタ (60) セイヨウキヅタ'シラユキヒメ' (60) セイヨウキヅタ'ホワイト・メイン・ハート' (60) セイヨウキヅタ'ニュー・ミニ・シルバー' (60) ツルニチニチソウ'バリエガタ' (67) ツルニチニチソウ'ワジョー・ジェム' (67) ツルマサキ'エメラルド・ガイティ' (76) フィカス・プミラ[オオイタビ]'サニー・ホワイト' (68) フイリハゴロモジャスミン (92)	ハツユキカズラ (67)	スイカズラ'シミズニシキ' (72) スイカズラ'オーレオレティキュラダ' (72) セイヨウキヅタ'ゴールド・ハート' (60) セイヨウキヅタ'ハレー・ボブ' (60) ツルニチニチソウ'ワジョー・ジェム' (67) テイカカズラ'オウゴンニシキ' (67) ヒメツルニチニチソウ'イルミネーション' (67) フイリツルハナナス (76)			ツルマサキ'ハーレークイーン[ハーレクイン]' (77) テイカカズラ'オウゴンニシキ' (67) ハツユキカズラ (67) フイリビナンカズラ (84)
	落葉	フイリアメリカヅタ (82) マタタビ (84) ミヤママタタビ (84)	ノブドウ'エレガンス' (82) ミヤママタタビ (84)		ヘンリーヅタ（葉裏）(82)		ノブドウ'エレガンス' (82) フイリアメリカヅタ (82) マタタビ (84) ミヤママタタビ (84)

● 多年草

草丈	葉色	白色〜乳白色系、銀白系、灰緑色系	ピンク色系	黄色系、クリーム色系	赤色〜紫色系、ブロンズ色系	青色系	色彩転換系、色彩・模様複雑系
草丈が高めのもの（約30cm以上）	常緑	シロタエギク (111) シロフヤブラン (113) セイヨウダンチク (104) セントーレア・シネラリア (111) ツワブキ'ウキグモニシキ' (110) ノシラン'ビッタータス' (114)	ニューサイラン'レインボー・サンライズ' (115)	イトラン'ガーランド・ゴールド' (112) カレックス・トゥリフィダ'レコフ・サンライズ' (108) シライトノオウヒニシキ (112) ニューサイラン'イエロー・ウェーブ' (114) ツワブキ'テンボシ' (110) フイリヤブラン (113) フクリンリュウゼツラン (112) モミジバゼラニウム (126)	カレックス・ブキャナニー (108) ニューサイラン'イブニング・グロー' (115) ニューサイラン'プラッツ・ブラック' (115) ニューサイラン'プルプレア' (115) モミジバゼラニウム (126)	アオノリュウゼツラン (112)	デスカンプシア・カエスピトサ'ノーザン・ライツ' (104) ニューサイラン'レインボー・サンライズ' (115)
	常緑〜半常緑	エリシマム'ボーレス・ムーブ' (103) ジャーマンダーセージ (120) シルバーセージ (119) シロヨモギ (109) パイナップルミント (119) パンパスグラス'シルバー・ストライプ[アルボリネアタ]' (104) ブルーキャットミント'ウォーカーズ・ロウ' (119) メキシカンセージ (120) ユーフォルビア・カラキアス・ウルフェニー (123) ユーフォルビア・カラキアス'シルバー・スワン' (123) ユーフォルビア・リギダ (123) ラムズイヤー (120)		エリシマム'コッツウォルド・ジェム' (103) パンパスグラス'ゴールド・バンド' (104)	キンギョソウ'ブロンズ・ドラゴン' (107) ユーフォルビア・アミグダロイデス'プルプレア' (123) ユーフォルビア・マルティニー'ブラック・バード' (123)		

草丈	葉色	白色～乳白色系、銀白系、灰緑色系	ピンク色系	黄色系、クリーム色系	赤色～紫色系、ブロンズ色系	青色系	色彩転換系、色彩・模様複雑系
草丈が高めのもの（約30cm以上）	半常緑～夏緑	リナリア・プルプレア（107）		トラデスカンティア・アンダーソニアナ'スイート・ケイド'（122）	ハクチョウソウ'クリムソン・バタフライ'（103） パープルファウンテングラス（106） ペンステモン・ディギタリス'ハスカー・レッド'（107）	エリンギウム・アルピナム（121） マツカサアザミ'ブルー・グリッター'（121）	ハクチョウソウ'チェリー・ブランディー'（103）
	夏緑	カリガネソウ'スノー・フェアリー'（118） シマススキ（105） シマフトイ（108） タテジマフトイ（108） トワダアシ［十和田アシ］（106） フイリアマドコロ（114） フイリイワミツバ（121） フイリカキツバタ（103） フイリフジバカマ（110） フロックス・パニキュラタ'ダーウィンズ・ジョイス'（125） ホスタ'インデペンデンス'（113） ホスタ'パトリオット'（113） ホスタ'フラグラント・ブーケ'（113）	トワダアシ［十和田アシ］（106）	カリガネソウ'スノー・フェアリー'（118） カンナ'ベンガル・タイガー'（109） キンウラハグサ（105） ススキ'ゴールド・バー'（105） タイツリソウ'ゴールド・ハート'（116） タカノハススキ（105） フイリイワミツバ（121） フウチソウ'オール・ゴールド'（105） フロックス・パニキュラタ'ダーウィンズ・ジョイス'（125） ホスタ'アトランティス'（112） ホスタ'ゴールド・スタンダード'（113） ホスタ'サム・アンド・サブスタンス'（112） ホスタ'フラグラント・ブーケ'（113） ホスタ'フランシス・ウイリアムズ'（112） メドウスイート'オーレア'（125）	アカスジノレル（122） オキザリス・レグネリー'トリアングラリス'（107） キミキフガ・ラケモサ'ブルネット'（115） ダリア'ミッドナイト・ムーン'（109） チシオシモツケソウ（125） パニカム・ビルガツム'チョコラータ'（106） ブロンズフェンネル（121） ベニチガヤ（105） ベニフウチソウ（105） マルバダケブキ'ブリットマリー・クロフォード'（111） リシマキア・キリアタ'ファイヤー・クラッカー'（116） ロベリア・カルディナリス'クイーン・ビクトリア'（109） ユーパトリウム'チョコレート'（110）	ホスタ'チョウダイギンヨウ'（112） ホスタ'ハルシオン'（113） ホスタ'ビッグ・ダディー'（112） ホスタ'フランシス・ウイリアムズ'（112）	リシマキア・キリアタ'ファイヤー・クラッカー'（116）
草丈が低めのもの（約30cm未満）	常緑	アサギリソウ（109） オレガノ'ケント・ビューティー'（119） オレガノ'ネオン・ライド'（119） カンスゲ'シルバー・セプター'（108） クリスタルグラス（108） クリスマスローズ・ステルニー（116） クリスマスローズ・リビダス（116） クローバー'ティント・ヴェール'（128） ジャノヒゲ'ハクリュウ'（114） シルバーレース（111） ダイアンサス'ブルー・ヒルズ'（124） ダイアンサス'ライオン・ロック'（124） チゴザサ（106） フイリキチジョウソウ（114） フイリセキショウ（117） フイリセントオーガスチングラス（106） ベアーグラス（108）		アサギリソウ'ゴールド・カーペット'（109） オウゴンセキショウ（117） カムロザサ（106） コゴメスゲ'ジェネキー'（107） ベアーグラス（108）	オオバジャノヒゲ'コクリュウ'（114） クローバー'ティント・ガーネット'（128） クローバー'ティント・セピア'（128） クローバー'ティント・ワイン'（128）	クリスマスローズ・ステルニー（116） クリスマスローズ・リビダス（116） ダイアンサス'ブルー・ヒルズ'（124） ダイアンサス'ライオン・ロック'（124） フェスツカ・グラウカ（104）	オレガノ'ケント・ビューティー'（119） オレガノ'ネオン・ライト'（119） カムロザサ（106）

草丈	葉色	白色〜乳白色系、銀白系、灰緑色系	ピンク色系	黄色系、クリーム色系	赤色〜紫色系、ブロンズ色系	青色系	色彩転換系、色彩・模様複雑系
草丈が低めのもの（約30cm未満）	常緑〜半常緑	カザニア'シルバー・カーペット'（110） カザニア'シルバー・タレント'（110） カザニア'タレント'（110） シロミミナグサ（124） ティアレラ'ミスティック・ミスト'（129） ツルバギア・ビオラセア'シルバー・レース'（124） ヒューケラ'レーブ・オン'（129） リボングラス（104）		オステオスペルマム'ザイール・バリエガタ'（111）	アジュガ・ピラミダリス'メタリカ・クリスパ'（117） アジュガ・レプタンス'ブラック・スカロップ'（117） ティアレラ'シュガー・アンド・スパイス'（129） ティアレラ'ピンク・スカイロケット'（129） ビオラ・ラブラドリカ（120） ヒューケラ'オブシディアン'（129） ヒューケラ'キャラメル'（128） ヒューケラ'パレス・パープル'（128） ヒューケラ'ファイヤー・チーフ'（128） ヒューケラ'ファンタンゴ'（128） ヒューケラ'レーブ・オン'（129） ヒューケラ'スイート・ティー'（129） ヒューケラ'タペストリー'（129） ムラサキゴテン（122）		アジュガ・レプタンス'トリカラー'（117） アジュガ・レプタンス'バーガンディ・グロー'（117） アジュガ・レプタンス'マルチカラー'（117） ティアレラ'ミスティック・ミスト'（129） ヒューケラ'キャラメル'（128） ヒューケラ'スイート・ティー'（129）
	半常緑〜夏緑	アルケミラ・モリス（125） セリ'フラミンゴ'（121） フウロソウ'シルバー・シャドー'（126）	セリ'フラミンゴ'（121）	アルケミラ・モリス（125）	シナロアセージ（120） フウロソウ'エスプレッソ'（126） フウロソウ'ダーク・レイター'（126） フウロソウ'ブラック・ビューティー'（126） フウロソウ'ホーカス・ポーカス'（126）	フウロソウ'ホーカス・ポーカス'（126）	
	夏緑	ホスタ'ブンチョウコウ'（113）		セイヨウオダマキ'レプレチャウン・ゴールド'（115） ホスタ'ゴールデン・ティアラ'（113）	ムラサキミツバ（121）		ゴシキドクダミ（123）
匍匐状〜這性	常緑	シラユキミセバヤ（127） ロータス・クレティクス（127）		オウゴンマルバマンネングサ（127）	ウンゼンマンネングサ（127） カラスバミセバヤ（セダム'バートラム・アンダーソン'）（126） セダム・アルブム'コーラル・カーペット'（126） セダム'ルビー・グロー'（126） リシマキア・コンゲスティフロラ'ミッドナイト・サン'（116）		
	常緑〜半常緑	シバザクラ'ネトルトン・バリエーション'（125） シバザクラ'モネ'（125） フイリカキドオシ（118） フロックス・ディバリカタ'モントローズ・トリカラー'（124） ヘリクリサム・ペティオラレ'シルバー・ミスト'（110） ラミウム・ガレオブドロン（118） ラミウム・マクラツム'ゴールド・ラッシュ'（118） ラミウム・マクラツム'ビーコン・シルバー'（118） ラミウム・マクラツム'ピンク・パール'（118）	コーカサスキリンソウ'トリカラー'（127）	ヘリクリサム・ペティオラレ'オーレア'（110） ヘリクリサム・ペティオラレ'バリエガタ'（110） ラミウム・マクラツム'ゴールド・ラッシュ'（118） リシマキア・ヌムラリア'オーレア'（116）			コーカサスキリンソウ'トリカラー'（127）
	夏緑	ペルシカリア・ミクロケファラ'シルバー・ドラゴン'（122） ペルシカリア・ミクロケファラ'レッド・ドラゴン'（122）			ペルシカリア・ミクロケファラ'レッド・ドラゴン'（122）		

4 カラーリーフガーデンの構想とデザイン

カラーリーフプランツの入手法と手入れ

カラーリーフプランツの入手方法

　カラーリーフプランツは、一般的な緑葉の樹木や草花に比べると流通量が少ない傾向があり、特に中木や高木になる種類でサイズが大きなものは、種類よっては探すのに時間がかかるか、入手しにくいこともあります。希望するものを探したり、入手したりするには次のような方法があります。

①造園会社や植木販売業者に依頼する
　入手だけを依頼するか、庭の設計・施工と合わせて依頼します。なお、植物の種類は、必ず学名つき(本書 Part 3の「カラーリーフプランツ図鑑」参照)で名前を伝えるようにします。

②インターネットで探す
　多年草や小低木～低木類の多くの種類、そして中木や高木でもサイズの小さいものは、インターネットで探すとかなりの情報が得られます。検索する際に、ひとつの名前で探せなかった場合は、本書のカラーリーフプランツ図鑑に記載している別名や学名でも入力して再検索するようにします。一般社団法人 日本植木協会のホームページには、加盟している全国の植木生産業者のリストが掲載されています。これらの中にはカラーリーフプランツを生産しているところもあるので、入手で困った場合などは、これらの生産業者に直接問い合わせてみるのもよいでしょう。

③園芸店や植木販売店、ホームセンターなどにこまめに通う
　多年草や小低木～低木類のカラーリーフプランツの一部は、園芸店や植木販売店、ホームセンターでも販売されています。しかし、いつも店頭に並んでいるとは限りませんので、こまめに通って販売状況を確認するようにします。

植え付け・移植の適期

　関東地域を基準にした植え付け・移植は、ほとんどの常緑針葉樹と落葉樹は3月～4月上旬の萌芽前までが最適期で、10月中旬頃の落葉後から11月末までの厳寒期を除く落葉期間も適期です。常緑広葉樹の植え付け・移植は、3月から4月上旬の萌芽前まで、および6月中旬～7月中旬頃の入梅時期が適期です。

　なお、北海道などの寒冷地では、すべての樹種が雪が解けてから1カ月程度の期間が植え付け・移植の最適期で、その後初夏頃までが適期になります。一方、暖地の沖縄などでは、多くの樹種で3～6月頃が最適期になります。

　多年草の植え付け・移植の一般的な適期は、春咲きの種類は前年の9月下旬から10月下旬頃、夏から秋咲きの種類は当年の4～6月頃、四季咲きの種類は4月頃です。例外的に、翌年開花する花芽を花後から秋までの間に分化するアヤメ科の植物は、開花直後が最適期で秋も適期になります。

植え付けの手順

　樹木の植え付けは、次の手順で行ないます。
① 植え穴は、根鉢の直径の2～3倍程度。根鉢の高さの3～5割増しの深さに掘り、穴の底に土と完熟した腐葉土か堆肥を半々から6対4の割合で混ぜたものを1/3～1/2の深さに入れ、根鉢を据えると株元が地表よりやや高い位置になるようにする。
② 根鉢を据えた植え穴に土を半分程度入れて水を注ぐ。
③ 泥水状にして根鉢の周囲を棒でぐるぐる回しながら、根鉢の底の部分にまで土を流入させる。この時、植え穴の底に入れた腐葉土や堆肥が根鉢のまわりに適

植え付け、剪定、施肥などカラーリーフプランツの年間の手入れや管理は下表を基準にして行なう (関東地域基準)

項目　　　　　　月	1	2	3	4	5	6	7	8	9	10	11	12
植え付け・移植の適期 [常緑針葉樹／落葉樹]			萌芽前まで							落葉後～		
植え付け・移植の適期 [常緑広葉樹]												
剪定の適期 [常緑樹／落葉樹]							伸びすぎた枝のみ					
施肥 (年3回)												
農薬散布 (年2回)					殺虫剤 殺菌剤			殺虫剤				

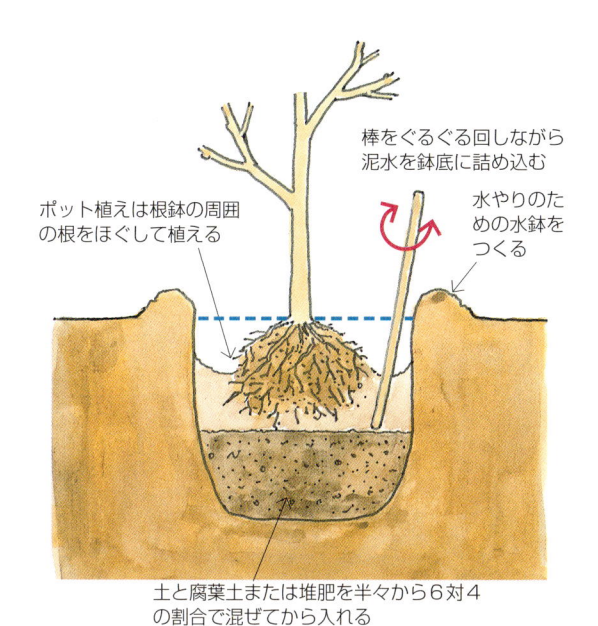

棒をぐるぐる回しながら泥水を鉢底に詰め込む

ポット植えは根鉢の周囲の根をほぐして植える

水やりのための水鉢をつくる

土と腐葉土または堆肥を半々から6対4の割合で混ぜてから入れる

度に拡散する。
④残った土で株元ぎりぎりの位置まで埋めて軽く踏圧して灌水する。
⑤強風による倒伏を防ぎ根鉢が動かないようにするため、中木の場合は1本の支柱(添え柱)で、高木の場合は1本または3本支柱(八つ掛)で保護する。
⑥植え付け後、最初の肥料は春か秋に植えた場合は6月に、入梅時期に植えた場合は9月を基準にして、高度化成肥料を植え穴の範囲内にばらまくように与える。

多年草類は、植える場所に表土が隠れる程度に完熟した堆肥か腐葉土をばらまいてから土を耕して植え付けます。植え付け後に高度化成肥料をばらまくように与えておくと、生育が促進されます。

剪定と整姿

●適期
剪定の適期は常緑樹、落葉樹とも10月中旬頃(落葉樹の落葉後)から翌年の4月上旬頃の萌芽前までです。春に出た新梢で特に伸びすぎた枝がある場合は、夏の7月にその枝のみ切り詰めるか基部から切り取ります。

●広葉樹の剪定
広葉樹は、広い庭では伸びすぎた太めの枝を適度に間引く透かし剪定を基本にし、自然風の樹形を維持しながら観賞するのがカラーリーフガーデンでは適しています。しかし、狭い庭では樹木を一定の大きさに維持せざるを得ないので、細かい剪定が必要になります。
この剪定の基本は、三つ又になった中心の枝などを間引いたり、伸びすぎた新梢を一部の葉を残してそのつど切り詰めるか(写真①)、芽摘み(写真②)を行ないます。そして休眠期間中の剪定ではフトコロ枝(枝元など幹近くにある枝)など短めの枝を残して、再び長い枝を切り戻します(写真③)。これを毎年繰り返すことによって、木の大きさや樹形をほぼ一定に維持することができます(56頁・写真④)。
なお、広葉樹の多くは、枝を切り詰めた場合などに、不定芽といって芽がない枝の途中などから芽が生じて新しい枝ができる可能性がありますが、針葉樹の多くはこの性質を有しません。

写真②
切り詰める代わりに、長く伸びすぎるような新梢は先端部を摘む芽摘みを行なってもよい

写真①
長く伸びすぎた枝は一部の葉を残してそのつど切り詰める。短めの枝は剪定しない

休眠期間中の剪定では、フトコロ枝など短めの枝を残して長い枝を切り詰める

フトコロ枝など短めの枝は残す

前年の休眠期間中に切り詰めた枝

写真③
休眠期間中の剪定でもフトコロ枝など短めの枝を残して長い枝を切り詰める。この手入れを毎年繰り返すと、枝が間延びしない。また、枝元付近などからの不定芽も発生しやすくなる

写真⑥
勢いよく伸びた新梢のみ、葉のある部分を残してそのつど、または休眠期間中に切り詰める。（左：ニオイヒバ'ヨーロッパ・ゴールド'　下：アリゾナイトスギ'ブルー・アイス'）

写真④
長く伸びすぎる枝を55頁・写真①〜③のように処理することにより、樹高2.5m、枝張り70〜80cmの樹形を6年間維持している、本来は高木になるネグンドカエデ'バリエガツム'

● 針葉樹の剪定

針葉樹としてのコニファー類には、イタリアンサイプレス'スワンズ・ゴールデン'などのように、剪定しなくてもスリムで整った樹形を維持し続けるものや、コロラドビャクシン'ブルー・エンジェル'などのように樹高や枝張りがかなり大きくなるもののほとんど剪定しないで自然の端正な樹形を観賞できるものが多くあります。それでも、庭が狭く、木の大きさや樹形をほぼ一定に維持する必要がある場合は、前述した広葉樹の剪定と同様に細かい剪定を行なう必要があります（写真⑤）。

なお、コノテガシワ'エレガンティシマ'やアリゾナイトスギ'ブルー・アイス'などのように萌芽力が強く、刈り込み剪定が可能なものもありますが、コニファー類の多くは広葉樹とは異なり、不定芽が生じにくい特性があることに留意しなければなりません。多くのコニファー類は、葉や芽を残さない状態で枝を切り詰めると、その枝は枯れてしまいます。そこで、コニファー類の剪定では、次のことを原則にします。
①太めの枝を剪除しない
②一度に多くの枝を切らない
③深く（枝をあまり短く）剪定しすぎない
④必ず葉がある手前の位置（葉がついた状態）で切る

施肥

カラーリーフの樹木には、一般的な緑葉の樹木に比べると樹勢がやや弱いものもあります。また、プンゲンストウヒ'ホプシー'やコロラドビャクシン'ブルー・エンジェル'などの青色系のコニファー類は、やせ地ではワックスの分泌が少なくなるためか、鮮やかに発色しにくい性質があります。これらのことからカラーリーフガーデンでは、樹勢が衰えないように、肥料を年間3回（3、6、9月）施すのを基本にするのがよいでしょう。

施肥量は、2m前後の樹木を基準にすると、高度化成肥料をひと握りとし、これを枝張りの範囲内にばらまくようにして与えます。

多年草などの下草類にも樹木と同様に、年間3回の施肥を基準に高度化成肥料を株元周辺にパラパラとばらまくようにして与えます。

病害虫の防除

農薬は、できるだけ使用を避けたいことから、病害虫が発生したときにだけ薬剤を散布して駆除する方法もあります。しかし、定期的に予防散布したほうが発生しにくく、発生しても被害が拡大しにくくなります。

予防散布は、5月と8月の年間2回とし、5月は殺虫剤と殺菌剤（例：カルホス乳剤＋ダイセン水和剤）、8月は殺虫剤（例：スミチオン乳剤）のみの散布を基準にします。

減農薬にしたい場合は、5月に殺菌剤と殺虫剤のみ散布して、様子を見る方法もあります。

Part 3 カラーリーフプランツ図鑑

凡 例

広葉樹類、針葉樹類、多年草類の順に、科ごとに学名のアルファベット順に記載。名前で引く場合は巻末の索引を参照のこと。

[耐寒目安]
　耐寒性からみた露地に植栽できる大まかな地域（気温基準）。植栽例が少ないものについては、海外情報も参考にして推定した。植栽可能地域はあくまで目安で、同じ地域でもさまざまな環境要因で変わる。また、植物はハードニング状況（低温への慣れ具合）や生育段階（苗木か成木か）等により耐寒性に差が生じる。そのため、植栽可能地域は実際には目安地域よりも寒地、あるいは暖地寄りになることもある。

[耐陰性]
　生育上の日照適正だけでなく、カラーリーフの発色を阻害しないかどうかも考慮して示した。
　弱：ほぼ一日中、日が射す場所が適する。
　弱～中：ほぼ一日中、日が射す場所から、ほぼ一日中木漏れ日が射すような半日陰の場所が適する。
　中：ほぼ一日中、木漏れ日が射すような半日陰の場所が適する。
　中～強：ほぼ一日中、木漏れ日が射すような半日陰の場所が適するが、木漏れ日があまり射さない木陰のような場所でも可。
　弱～強：ほぼ一日中、日が射す場所から木漏れ日があまり射さない木陰のような場所まで可。

[葉]
　冬季の葉の状態（枯れるか、生きているか）を示す。
　落葉：冬は葉が枯れる（落葉樹）。
　常緑：冬も葉が生きている（常緑樹、または冬も地上部が生きている多年草）。
　夏緑：冬は地上部が枯れる多年草。
　半落葉：一定量の葉が落葉するが、生存する葉もある樹木。
　半常緑：地上部は生き残るがそのボリュームが少ない多年草。
※通常は常緑、または半常緑、半落葉のものでも、寒地に植えると、落葉や夏緑ないしは半常緑や半落葉になったりすることがある。

[利用樹高]
　庭木として利用できる樹高の目安。剪定等により低めに制御しやすい程度や利用率が高い樹高の範囲を考慮して、本来の樹高にこだわらないで示した。
〈樹高の目安〉
　小低木：約50cm以下
　低木：50cm～1.5m内外
　中木：1.5m～3m内外
　高木：約3m以上

[草丈]
　原則として、花茎を含まないおよその丈で示した。花茎を長く伸ばして花が咲く種類は、示した丈の2倍程度になるものもある。

広葉樹類

カラーリーフプランツ図鑑

アオイ科

フイリアブチロン [斑入りアブチロン]
Abutilon x hybridum 'Variegatum'
[原種の原産地] 南アメリカ　[耐寒目安] 静岡県以西
[耐陰性] 弱　[葉] 常緑（～落葉）　[利用樹高] 低木
流通している白色や黄色の斑が入ったものは、アブチロン属の種間交雑等によりつくられたもので、いくつかの園芸品種がある。花色も白色や黄色、紅色などがある。春～初夏が開花のピークになるが、新梢の充実に合わせて10月頃まで咲く。露地植えは暖地に限られる。

アカザ科

コキア・ダイヤモンドダスト
Maireana sedifolia = Kochia sedifolia
[別名] ブルーブッシュ、コットンブッシュ／マイレアナ・セディフォリア（学名の読み）
[原産地] オーストラリア　[耐寒目安] 関東南部以西
[耐陰性] 弱　[葉] 常緑　[利用樹高] 小低木（～低木）
多肉質で短い棍棒状の葉は銀白色～青灰色を呈し、一年中粉雪がかかったように輝く。丈は約50～80cmになる。
（APG分類ではヒユ科に移行）

アカネ科

コプロスマ・キルキー 'バリエガタ'
Coprosma × kirkii 'Variegata'
コプロスマ属の種間交雑による匍匐性の園芸品種で、葉の中央部が緑色で周縁に白色の斑が生じる。丈は約20cmで、露地植えは暖地に限られる。

コプロスマ *Coprosma*
[原産地] オーストラリア～ニュージーランド
[耐寒目安] 静岡県以西　[耐陰性] 弱　[葉] 常緑
[利用樹高] 小低木

コプロスマ・レペンス
Coprosma repens
照り葉で立性の種類で、葉色に変化がある幾つかの園芸品種がある。丈は20～30cmで、露地植えは暖地に限られる。
●園芸品種例
'夕焼け小焼け'：葉が赤色～橙色を帯び、寒さでより発色する。
'コーヒー'：葉が赤色～橙色を帯び、寒さでコーヒー色になる。

'コーヒー'

アジサイ科

オウゴンバアジサイ ［黄金葉アジサイ］
Hydrangea macrophylla 'Lemon Daddy'
[別名] アジサイ'オウゴンバ'('Ogonba')
[原種の原産地] 本州の房総〜四国　[耐寒目安] 北海道函館市以南
[耐陰性] 弱　[葉] 落葉　[利用樹高] 低木
新葉は全面が鮮明な黄色〜黄金色になる。夏に向けて鮮やかさがやや低下するが、秋まで黄色い葉を観賞できる。6〜7月頃にピンク色の花（装飾花）が咲く。'Lemon Daddy'は海外で一般化している品種名。

ガクアジサイ　*Hydrangea macrophylla* f. *normalis*
[原産地] 本州の房総〜四国
[耐寒目安] 北海道札幌市〜函館市以南
[耐陰性] 弱〜中（レモン・ウェーブは弱）　[葉] 落葉
[利用樹高] 低木

カシワバアジサイ 'リトル・ハニー'
Hydrangea quercifolia 'Little Honey'
[原種の原産地] 北アメリカ東部
[耐寒目安] 北海道札幌市〜函館市以南　[耐陰性] 弱　[葉] 落葉
[利用樹高] 低木
やや大形で深く切れ込んだ葉は、新葉時は鮮やかな黄色で、夏頃になると明るい黄緑色になる。秋に赤茶色に紅葉する。花は白色一重で6〜7月頃に咲き、円錐状の花穂になる。矮性で樹高は1m程度になる。

フイリガクアジサイ ［斑入りガクアジサイ］
[別名] ガクアジサイ'マキュラタ'('Maculata')
葉の周縁や葉脈に沿うように白色の斑が不規則に生じ、緑色の部分とのコントラストがはっきりしている。花は6〜7月頃に咲き、青い花の周囲に白色の装飾花が並ぶ。

'レモン・ウェーブ' 'Lemon Wave'
黄色やクリーム色、白色の斑が緑色の葉の半身や周縁などに不規則に生じる。斑入りになった葉の縁が変形することがある。花は6〜7月頃に咲き、青色の花の周囲に白色の装飾花が並ぶ。

ヤマアジサイ 'ゴールデン・サンライト'
Hydrangea serrata 'Golden Sunlight'
[別名] オウゴン（黄金）ヤマアジサイ、オウゴンバ（黄金葉）ヤマアジサイ
[原種の原産地] 関東以西　[耐寒目安] 北海道札幌市以南
[耐陰性] 弱　[葉] 落葉　[利用樹高] 低木
新葉は全面が鮮明な黄色〜黄金色になる。夏に向けて鮮やかさがやや低下するが、秋まで明るい黄緑色を保つ。花は6〜7月頃に咲き、濃いピンク色の花の周囲に淡いピンク色の装飾花が並ぶ。

ウコギ科

'ツムギシボリ'

フイリヤツデ

'ゴールド・ハート'

'シラユキヒメ'

'ニュー・ミニ・シルバー'

フイリヤツデ ［斑入りヤツデ］
Fatsia japonica 'Variegata'
[原種の別名] テングノウチワ
[原種の原産地] 本州（茨城県以西の太平洋側）
[耐寒目安] 青森県以南　[耐陰性] 弱～強　[葉] 常緑
[利用樹高] 低木
葉面の大部分は緑色で、周縁を中心にして白色の斑が部分的に生じる。
●関連品種
'ツムギシボリ［紬絞り］' 'Tsumugi-Shibori'：濃い緑色の地に白色斑が吹きかけられたように広がり、明るいイメージがする。

シロオカメヅタ

シロオカメヅタ ［白オカメヅタ］
Hedera canariensis 'Variegata'
[別名] シロオカメ、フイリ（斑入り）オカメヅタ、フイリ（斑入り）カナリーキヅタ、ヘデラ・カナリエンシス 'バリエガタ'（学名の読み）
[原種の原産地] 北アフリカ（カナリア諸島）
[耐寒目安] 宮城県以南　[耐陰性] 弱～強　[葉] 常緑
[利用樹高] 蔓性
葉はセイヨウキヅタよりも大きい。中央部分は緑色で周縁に白色の斑が広く生じ、周年観賞できる。冬に白色斑の部分がピンク色になる。茎は付着根で他物に這い上がる。

セイヨウキヅタ
Hedera helix
[別名] イングリッシュアイビー、ヘデラ・ヘリックス（学名の読み）、アイビー
[原産地] ヨーロッパ、北アフリカ、西アジア
[耐寒目安] 北海道札幌市以南　[耐陰性] 弱～強
[葉] 常緑　[利用樹高] 蔓性
黄色斑や白色斑などが生じる園芸品種が数多くある。ガーデン全体の色合いを考慮して品種を選定する。茎は付着根で他物に這い上る。
●園芸品種例
'ゴールド・ハート' 'Gold Heart'：葉の中央部に黄色～クリーム色の斑が生じ、周縁は緑色。
'ハレー・ボブ' 'Hale Bob'：葉の周縁に濃い黄色～クリーム色の斑が生じる。
'シラユキヒメ［白雪姫］' 'Shirayuki-Hime'：新葉はほぼ全面が白色で緑色が点々と散らばる。古葉は緑色に変わる。
'ホワイト・メイン・ハート' 'White Main Heart'：主に葉脈部分が緑色でその外側などに白色～クリーム色の斑が広く不規則に生じる。
'ニュー・ミニ・シルバー' 'New Mini Silver'：葉は小形で中央部が緑色で周縁に白色の斑が生じる。

ウルシ科

スモークツリー *Cotinus coggygria*

[別名] カスミノキ（霞の木）、ハグマノキ
[原産地] 南ヨーロッパ、中国　　[耐寒目安] 北海道札幌市以南　　[耐陰性] 弱　　[葉] 落葉　　[利用樹高] 低木～中木

'グレース'
'Grace'

新葉は全面が透明感のある赤紫色で、夏になると緑色を帯びたブロンズ色になり、秋は赤銅色などに紅葉する。葉はスモークツリーの園芸品種中最も大きい。6月頃に'ロイヤル・パープル'よりも大きくて赤みが濃い花穂が煙のように樹を覆う。

'ゴールデン・スピリット'
'Golden Spirit'

新葉は全面が鮮やかな黄色になり、春の葉色が特に美しい。夏に向けてやや黄緑色になるが、秋にオレンジ色から紅色に紅葉するまで観賞できる。6月頃に開花し、煙のようなピンク色の花穂が生じる。

'ロイヤル・パープル'
'Royal Purple'

全面が赤紫色の新葉が徐々に濃い紫色になる。夏になるとやや緑色を帯びるが秋まで濃い紫色の葉を観賞できる。秋に赤銅色などに紅葉する。6月頃に開花し、煙のようなピンク色の花穂が生じる。

オトギリソウ科

ヒペリカム *Hypericum*

[原産地] ヨーロッパや北アメリカ、中国など　　[耐寒目安] 宮城県以南　　[耐陰性] 弱　　[葉] 常緑～落葉（種類による）
[利用樹高] 低木～匍匐状（種類による）　＊ヒペリカム（*Hypericum*）属の種間交雑等による多くの園芸品種がある

ヒペリカム 'サマー・ゴールド'
Hypericum × inodorum 'Summer Gold'

新葉は鮮やかなライムグリーンで、緑色の濃淡の斑が不規則に散らばる。初夏～夏に黄色の花が咲く。半落葉性。
●関連品種
ヒペリカム 'ゴールドフォーム'（*Hypericum calycinum* 'Goldform'）：春の新葉は全面が鮮やかな黄色で、夏は黄緑色、秋は橙色に紅葉する。初夏～夏に黄色の花が咲く。落葉～半落葉性。

ヒペリカム 'トリカラー'
Hypericum × moserianum 'Tricolor'

葉の中央部分は緑色で、周縁などにピンク色や白色の斑が生じる。初夏～夏に黄色の花が咲く。茎は斜上～匍匐状に伸びる。常緑～半落葉性。

ヒペリカム 'マーブル・イエロー'
Hypericum × moserianum 'Marble Yellow'

葉の中央部分は緑色で、周縁にくっきりと黄色の斑が生じる。初夏～夏に黄色の花が咲く。落葉～半落葉性。

カエデ科　（APG分類ではムクロジ科に移行）

オオモミジ 'ショウジョウノムラ' [猩々野村]
Acer amoenum 'Shoujou Nomura'
[品種名の別名] 'ショウジョウ（猩々）'
[原種の別名] ヒロハモミジ
[原種の原産地] 北海道・本州の主に太平洋側、四国、九州
[耐寒目安] 北海道以南　[耐陰性] 弱～中　[葉] 落葉
[利用樹高] 中木～高木
新芽は全面が濃紫色で成葉になるにつれて赤紫色になり、夏になると鮮やかさがやや薄れて暗紫色に変わる。秋に赤色～赤橙色に紅葉する。新梢は冬に赤色を帯びる。

ヤマモミジ 'イナバシダレ' [稲葉枝垂れ]
Acer amoenum var. *matsumurae* 'Inaba-Shidare'
[原種の原産地] 北海道、本州（青森～島根県の日本海側）
[耐寒目安] 北海道札幌市以南　[耐陰性] 弱～中
[葉] 落葉　[利用樹高] 中木～高木（枝垂れ性）
新葉は全面が暗赤色で、徐々に赤茶色に変化し、夏頃には暗緑色になる。秋に紅葉する。葉は基部まで切れ込んだ細長い裂片からなる。

トウカエデ 'ハナチルサト' [花散里]
Acer buergerianum 'Hanachirusato'
[別名] メープルレインボー
[原種の原産地] 台湾、中国南部　[耐寒目安] 北海道札幌市以南　[耐陰性] 弱～中　[葉] 落葉　[利用樹高] 中木～高木
春の芽吹きはピンク色で、やがて白色から明るい萌黄色になり、夏～夏すぎ頃には淡緑色へと変化する。秋に紅葉する。

コブカエデ 'カーニバル'
Acer campestre 'Carnival'
[原種の原産地] ヨーロッパ、南西アジア地域
[耐寒目安] 北海道以南　[耐陰性] 弱～中　[葉] 落葉
[利用樹高] 中木～高木
葉は裂片が丸みを帯び、周縁に純白色の斑が広がり、中心部分の緑色との対比がはっきりしてよく目立つ。刈り込みに耐えるので生垣にも利用できる。

ネグンドカエデ *Acer negundo*

[別名] トネリコバノカエデ、ネグンドモミジ
[原産地] 北アメリカ　[耐寒目安] 北海道札幌市以南　[耐陰性] 弱～中　[葉] 落葉　[利用樹高] 中木～高木

'ケリーズ・ゴールド'
'Kelly's Gold'
新葉の全面が黄金色に輝く。成葉になるにつれて明るい緑色になるが、新葉が順次に生じるので、全体的には秋近くまで黄色を維持する。

'バリエガツム'
'Variegatum'
葉の周縁などに白色斑が広く生じ、新葉ではピンク色が混じることがある。緑色と斑入り部分の対比がはっきりしてよく目立ち、秋まで観賞できる。

'エレガンス'

'オーレオマルギナツム'
'Aureomarginatum'
黄色～クリーム色の斑が、葉の周縁や片側半分程度などに不規則に生じる。
● 関連品種
'エレガンス' 'Elegans'：'オーレオマルギナツム' によく似ているが、葉が裏側にやや巻く性質がある。

'フラミンゴ'
'Flamingo'
新葉はほぼ全面がピンク色や、白色とピンク色が混じるように染まり、鳥のフラミンゴの羽色を連想させる。成葉になるにつれて緑色部分の面積が広くなるが、秋まで観賞できる。

イロハモミジ　Acer palmatum

[別名] タカオカエデ、イロハカエデ
[原産地] 本州（福島県以南の太平洋側）～九州
[耐寒目安] 北海道札幌市以南　[耐陰性] 弱～中
[葉] 落葉　[利用樹高] 中木～高木

'カツラ' ［桂］
'Katsura'

新芽は黄色、赤色、橙色が混じるような色彩で、徐々に黄色に、そして黄緑色へと変化し、夏頃になると緑色になる。秋に紅葉する。主に1年枝がオレンジ色になる。

'コチョウノマイ' ［胡蝶の舞］
'Kochou no Mai'

新葉時は、淡黄緑色地にピンク色やクリーム色の斑が葉縁などに生じる。夏頃になると黄緑色の葉の周縁などに生じる斑が白くなり、秋に紅色や橙色に紅葉する。'コチョウニシキ（胡蝶錦）'も同じ品種と推定。

ノルウェーカエデ　Acer platanoides

[別名] ヨーロッパカエデ
[原産地] ヨーロッパ～西アジア
[耐寒目安] 北海道帯広市以南　[耐陰性] 弱～中
[葉] 落葉　[利用樹高] 中木～高木

'クリムソン・キング'
'Crimson King'

新葉は全面が鮮やかな赤紫色で光沢がある。夏以降は徐々に暗紫色～緑色を帯びた紫色になるが、春から落葉するまで紫葉を観賞できる。
●関連品種
'ロイヤル・レッド' 'Royal Red'：葉裏の赤紫色が濃く、'クリムソン・キング'よりもやや明るい感じがするが酷似しているので代用できる。

'プリンストン・ゴールド'
'Princeton Gold'

新葉は全面が輝くような黄金色を呈する。成葉になると鮮やかさがやや低下するが、萌芽して落葉するまで観賞できる。

'チシオ' ［千染、血汐］
'Chishio'

新葉は全面が真っ赤になり茎も赤い。成葉になるにつれて葉の周縁がピンク色で中央部分が淡緑色に変化する。夏以降は全面が淡緑色になり、秋に紅葉する。

オウゴンイタヤ［黄金イタヤ］
Acer shirasawanum 'Aureum'
[別名] キンカクレ［金隠れ］
[原種の原産地] 本州（宮城県以南），四国
[耐寒目安] 北海道帯広市以南　[耐陰性] 弱〜中
[葉] 落葉　[利用樹高] 中木〜高木

オオイタヤメイゲツの園芸品種で、新葉は全面が黄金色に輝く。夏に向かって成葉になるとライムグリーンになり、秋に黄葉する。

カツラ科

カツラ'レッド・フォックス'
Cercidiphyllum japonicum 'Red Fox'
[原種の別名] コウノキ（香の木）、オカズラ　[原種の原産地] 日本（北海道〜九州）、中国　[耐寒目安] 北海道以南　[耐陰性] 弱
[葉] 落葉　[利用樹高] 中木〜高木

葉はハート形で、新葉時は全面が濃い赤紫色になるが、夏に向けて徐々に緑色に変わる。秋は橙黄色に紅葉し、落葉期に離層（葉柄が枝から脱落する部分）ができると甘い香りが漂う。枝が比較的広がりにくい。

春　夏

カバノキ科

セイヨウハシバミ'プルプレア'
Corylus maxima 'Purpurea'
[原種の原産地] ヨーロッパ〜西アジア　[耐寒目安] 北海道札幌市以南　[耐陰性] 弱〜中　[葉] 落葉　[利用樹高] 低木〜中木

新葉は全面が赤紫色で、徐々に暗赤紫色に変化し、夏頃には赤色みが退色してくすんだ緑色になる。類似の *avellana* 種の実がヘーゼルナッツで、クッキーやケーキの材料に使われる。

春　夏

65

キク科

クッションブッシュ
Calocephalus brownii = *Leucophyta brownii*
[別名] プラチーナ
[原産地] オーストラリア南東部　[耐寒目安] 神奈川県以西
[耐陰性] 弱　[葉] 常緑　[利用樹高] 小低木
茎葉は一年中銀白色で、細く小さい葉が茎に密着するように生じる。茎が細かく分岐してこんもり茂り、丈は30～40cmになる。春から夏にかけて黄色の花が咲くが、小さいので目立たない。

ユリオプスデージー
Euryops pectinatus
[原産地] 南アフリカ　[耐寒目安] 関東南部～神奈川県以西
[耐陰性] 弱　[葉] 常緑　[利用樹高] 小低木
葉は羽状に深く切れ込み、表面に毛が密生して一年中、銀白色～灰白色を呈する。花が少ない11月から翌年5月頃に、菊のような黄色の花が咲く。
●関連品種
'フィリップス'；銀白色～灰白色の葉に黄色の斑が不規則に生じる。

ヘリクリサム・イタリカム 'コルマ'
Helichrysum italicum 'Korma'
[別名] ヘリクリサム'コルマ'（属名・品種名の読み）
[原種の原産地] フランス、イタリアなど
[耐寒目安] 関東以西
[耐陰性] 弱　[葉] 常緑
[利用樹高] 小低木
綿毛が密生した細長い葉と茎が一年中、銀白色に輝く。茎が叢生して茂り、丈は約30cmになる。5～6月頃に黄色の花が茎の先に平らな固まりになって咲く。

サントリナ・カマエキパリッスス
Santolina chamaecyparissus
[別名] ワタスギギク（綿杉菊）
[原産地] 南フランス、地中海沿岸　[耐寒目安] 青森県以南
[耐陰性] 弱　[葉] 常緑　[利用樹高] 小低木（～低木）
細かい葉が綿毛に覆われているため株全体が一年中、銀白色に見える。葉を揉むと芳香とは言い難い特有の香りがする。茎が叢生して茂り、丈は約1mになる。7～8月頃に、長い花茎が伸びて球形の黄色い花が咲く。

キジカクシ（クサスギカズラ）科

ニオイシュロラン　*Cordyline australis*
[別名] コルジリネ、コルディリネ（属名の読み）
[原産地] オーストラリア、ニュージーランド　[耐寒目安] 関東以西　[耐陰性] 弱　[葉] 常緑　[利用樹高] 低木～中木

'トーベイ・ダズラー'
'Torbay Dazzler'
長い葉の周縁に黄色～クリーム色の斑が生じて、灰緑色との縦縞模様になり、周年観賞できる。主に葉の中央部分が灰緑色で周縁に斑が生じる。

'レッド・スター'　'Red Star'
長い葉の全面が、春から秋は赤茶色を呈する。冬は赤色みが強くなり、周年観賞できる。
●関連品種
'サウザン・スプレンダー' 'Southern Sprendour'：サーモンレッド地に茶色みの斑が縦に生じて縞模様になる。
'アトロプルプレア' 'Atropurpurea'：葉の基部や裏面が赤紫色になる。

キョウチクトウ科

フイリキョウチクトウ　[斑入りキョウチクトウ]
Nerium indicum 'Variegata'
[原種の原産地] インド　[耐寒目安] 関東以西　[耐陰性] 弱
[葉] 常緑　[利用樹高] 低木～中木
細長い葉に黄色～クリーム色の斑が不規則に生じる。新芽、新葉ではほとんど全面が斑入りになることもある。成葉では中央部分が緑色で周縁だけ斑入りになるものが多くなる。花は赤色の一重、または八重で6～9月頃にかけて長く咲く。

テイカカズラ　*Trachelospermum asiaticum*
[別名] マサキノカズラ
[原産地] 日本（秋田県以南～九州）、東アジア
[耐寒目安] 秋田県以南　[耐陰性] 弱～中　[葉] 常緑
[利用樹高] 蔓性

'オウゴンニシキ'　[黄金錦]
'Ogonnisiki'
[別名] オウゴン（黄金）カズラ
輝くような黄色を中心に、クリーム色や白緑色の斑が、緑色部分よりも広く不規則に生じる。季節や環境によりピンク色や赤色、オレンジ色も混じる。茎は、気根が物に着生して伸長する。別名のオウゴンカズラは原種も意味する名前として定着している。

'ハツユキカズラ'　[初雪カズラ]
'Hatuyukikazura'
新芽は葉のほぼ全面がピンク色に染まり、徐々に白色になって成葉では緑色と白色の斑点が混じった状態になる。その後、古葉になると全面が緑色になる。茎は、気根が物に着生して伸長する。品種名だけで原種も意味する名前として定着している。

ツルニチニチソウ　*Vinca major*
[別名] ビンカ・マジョール（学名の読み）、ツルギキョウ
[原産地] 地中海沿岸地方　[耐寒目安] 関東以西
[耐陰性] 弱～中　[葉] 常緑
[利用樹高] 匍匐性（草本状木本）

'バリエガタ'　'Variegata'
葉の周縁に白色～淡いクリーム色の斑が生じ、中央部分の広い面は緑色になり、周年観賞できる。4～7月頃に青紫色の花が咲く。茎は、通常節から根を出さないで広がる。

'ワジョー・ジェム'　'Wojo's Gem'
葉の中央に乳白色～クリーム色の斑が広く生じ、周縁が緑色になり、周年観賞できる。4～7月頃に青紫色の花が咲く。茎は、通常節から根を出さないで広がる。

ヒメツルニチニチソウ 'イルミネーション'
Vinca minor 'Illumination'
[原種の別名] ビンカ・ミノール（学名の読み）
[原種の原産地] ヨーロッパ中部～コーカサス
[耐寒目安] 北海道以南　[耐陰性] 弱～強　[葉] 常緑
[利用樹高] 匍匐性（草本状木本）
葉の中央部分を中心に濃黄色の斑が広く生じ、周縁の緑色とのコントラストが美しい。一年中この葉色を維持する。3～5月頃に青紫色の花が咲く。分枝して節から根を出して広がる。

67

グミ科

グミ・エビンゲイ
Elaeagnus × ebbingei
[原産地] ナワシログミ（伊豆半島以西に自生）とマルバグミ（秋田県以南に自生）の交雑種
[耐寒目安] 青森県以南
[耐陰性] 弱〜強
[葉] 常緑
[利用樹高] 低木

'ギルト・エッジ' 'Gilt Edge'
新芽、新葉は銀色を帯びて斑がはっきりしないが、成葉になるにつれて周縁が鮮やかな黄色に染まる。中央の濃い緑色と黄色が明るく対比し、周年観賞できる。

'ライムライト' 'Limelight'
斑が'ギルト・エッジ'とは逆で、葉の中央部分が鮮やかな黄色で周縁が緑色になる。新芽、新葉は銀色を帯びて斑がはっきりしないが、成葉になるにつれて黄色が濃くなり、周年観賞できる。
●関連品種
'コースタル・ゴールド' 'Coastal Gold'：'ライムライト'に酷似しているので代用できる。

ナワシログミ'マキュラタ'［マキュラータ］
Elaeagnus pungens 'Maculata'
[原種の原産地] 日本（本州の伊豆半島〜九州）、中国
[耐寒目安] 宮城県以南　[耐陰性] 弱〜強　[葉] 常緑
[利用樹高] 低木
通常、葉縁は緑色で、黄色の斑が葉の中央部分を中心に広く不規則に生じ、周年観賞できる。葉はグミ・エビンゲイよりも小形かつ硬質で、枝に棘がある。

ゴマノハグサ科

ブッドレア'シルバー・アニバーサリー'
Buddleja 'Silver Anniversary'
[原種の原産地] ヒマラヤ原産のブッドレア・クリスパ（*Buddleja crispa*）を基に交雑した園芸品種
[耐寒目安] 北海道札幌市以南　[耐陰性] 弱
[葉] 常緑〜半落葉　[利用樹高] 低木
株全体に細かい白毛が密生しているため、葉も茎も銀白色に見える。風雨などで白毛が落ちると緑色になる。夏〜秋にかけて新梢が充実する都度、白色で中心部が黄色の芳香花が枝先に穂状に咲く。

クワ科

フィカス・プミラ［オオイタビ］ 'サニー・ホワイト'
Ficus pumila 'Sunny White'
[原種の原産地] 日本（本州の千葉県以西〜沖縄）、中国南部
[耐寒目安] 関東南部以西　[耐陰性] 弱〜強　[葉] 常緑
[利用樹高] 蔓性
葉は長さが2㎝くらいで小さく卵形をしている。中央部が緑色で周縁に白色の斑が広く生じ、周年観賞できる。茎は他物に吸着して伸長する。成長して茎が太くなると、葉の長さは5〜10㎝になる。

ゴンフォスティグマ・ビルガツム
Gomphostigma virgatum
[原産地] 南アフリカ
[耐寒目安] 青森県以南
[耐陰性] 弱
[葉] 常緑〜半落葉
[利用樹高] 低木
細長い葉と茎が、一年中銀灰色を呈する。茎は叢生してすらりと伸び、その先端付近の各節に白色で小形の花が春〜秋まで随時に咲く。

サクラソウ科

'ハクオウカン'

ヤブコウジ
Ardisia japonica
[別名] ジュウリョウ（十両）
[原産地] 日本（北海道奥尻島〜九州）、朝鮮半島、中国
[耐寒目安] 北海道函館市以南　[耐陰性] 中　[葉] 常緑
[利用樹高] 小低木
古くからさまざまな園芸品種が作出されている。丈は約20cmになる。
●園芸品種例
'ハクオウカン[白王冠]'：葉縁に白色の斑が広く生じる。
'ミホノマツ[三保の松]'：葉の中央部分が淡黄色で周縁が緑色になる。

'ミホノマツ'

マンリョウ
'ベニクジャク'
Ardisia crenata
[原産地] 日本（本州の関東地方以西〜沖縄）、アジア東南部
[耐寒目安] 関東以西　[耐陰性] 中　[葉] 常緑
[利用樹高] 小低木（〜低木）
古くからさまざまな園芸品種が作出されている。丈は約1mになる。
●園芸品種例
'ベニクジャク[紅孔雀]'：新葉はピンク色で、成葉は濃いワインレッド色になる。
'タカラブネニシキ[宝船錦]'：白色の斑が不規則に生じる。

シソ科

ムラサキシキブ'シジムラサキ'[紫々紫]
Callicarpa japonica 'Shijimurasaki'
[原種の別名] ミムラサキ
[原種の原産地] 北海道南部〜沖縄
[耐寒目安] 北海道函館市以南　[耐陰性] 弱　[葉] 落葉
[利用樹高] 低木
新芽、新葉はピンク色で、成葉になると全面が白色と緑色の斑点模様になりピンク色も混じる。秋が近づくと、斑入り部分や新梢がピンク色〜紫色に染まる。5〜7月頃に枝の多くの葉腋に淡紫紅色の花が咲き、秋に紫紅色の果実が熟す。

'サマー・ソルベット'

カリオプテリス・クランドネンシス'サマー・ソルベット'
Caryopteris × clandonensis 'Summer Sorbet'
[原種の別名] ハナシキブ
[原種の原産地] 日本・中国南部原産の草本のダンギク（*incana* 種）とモンゴル・シベリア原産の木本の *mongolica* 種の交雑種
[耐寒目安] 北海道札幌市以南　[耐陰性] 弱　[葉] 落葉
[利用樹高] 小低木（〜低木）
葉の中央部分は緑色で、周縁に黄色〜黄緑色の斑が生じる。夏にかけて徐々に黄みが濃くなり秋まで観賞できる。晩夏に、茎の上方を中心とする各節に青紫色の花が咲く。丈は約1mになる。
●関連品種
'ウォーセスター・ゴールド' 'Worcester Gold'：葉の全面が黄色になり秋まで観賞できる。

'ウォーセスター・ゴールド'

イングリッシュラベンダー
Lavandula angustifolia
[別名] ラベンダー
[原産地] 地中海沿岸など
[耐寒目安] 北海道以南（イングリッシュラベンダー）、青森県以南（ラバンディンラベンダー） [耐陰性] 弱 [葉] 常緑
[利用樹高] 小低木

耐暑性が弱く寒地向きで、多くの品種がある。叢生する細い茎に細長い灰緑色の葉が密生し、茎葉には芳香がある。花は品種により紫色やピンク色、白色で、夏に花茎の先に小形の花穂が生じて咲く。丈は約50cmになる。
●イングリッシュラベンダーの品種例
'ヒドコート' 'Hidcote'、'富良野' 'Furano'
●関連品種
ラバンディンラベンダー[ラバンジンラベンダー](*Lavandula × intermedia*)：イングリッシュラベンダーとスパイクラベンダー(*Lavandula latifolia*)の交雑種で耐寒性と耐暑性がともに強い。'スーパー・セビリアン・ブルー'（'Super Sevillian Blue'）などの品種がある。

レースラベンダー
Lavandula multifida
[別名] ファーンラベンダー
[原産地] カナリア諸島、北アフリカの地中海沿岸
[耐寒目安] 神奈川県以西 [耐陰性] 弱 [葉] 常緑
[利用樹高] 小低木

暖地性の種類で、葉は灰緑色で羽状に細かく切れ込む。四季咲き性で、長い花茎の先に花穂をつけて淡紫色の花が咲く。枝葉の香りは弱く、丈は約50cmになる。

フレンチラベンダー
Lavandula stoechas
[原産地] 地中海沿岸、西アジア
[耐寒目安] 神奈川県以西（品種により関東中部以西）
[耐陰性] 弱 [葉] 常緑 [利用樹高] 小低木

暖地性の種類で、葉は細長く灰緑色を呈し、茎葉に芳香がある。花は品種により青紫色や白色で、5～8月頃に茎の先に花穂が生じて咲く。花穂の頂部に兎の耳のような苞が最大4枚くらい生じる。丈は約50cmになる。'ワタボウシ'（'Wataboushi'）、'花うさぎ'、'南の星'、'アボンビュー'（'Avonview'）[左記2品種は－5℃くらいまで耐える]などの品種がある。

ロシアンセージ
Perovskia atriplicifolia
[別名] サマーラベンダー
[原産地] 東ヨーロッパ、西アジア [耐寒目安] 北海道札幌市以南
[耐陰性] 弱 [葉] 落葉 [利用樹高] 小低木（草本状）

多くの葉は羽状に切れ込み、茎とともに白毛が生じて銀白色～灰緑色を呈する。葉よりも茎のほうが白く見える。葉には特有の香りがある。7～10月頃、葉腋から伸びた花茎に青紫色の花が穂状に咲く。丈は約50～80cmになる。

エルサレムセージ
Phlomis fruticosa
[別名] キバナキセワタ、フロミス・フルティコサ（学名の読み）
[原産地] 地中海沿岸の中部・東部 [耐寒目安] 関東南部以西
[耐陰性] 弱 [葉] 常緑～半常緑 [利用樹高] （小低木～）低木

葉には細かいしわがあり、白毛が密生しているので灰緑色を呈する。特に葉縁は白毛で縁取られて銀白色に見える。葉には独特の芳香がある。5～9月頃、茎の上方の節の部分に黄色の花が輪生する。分枝して茂り、丈は約1mになる。

ヤクヨウサルビア　*Salvia officinalis*
[別名] セージ、コモンセージ、ガーデンセージ
[原産地] 地中海沿岸　[耐寒目安] 北海道函館市以南　[耐陰性] 弱　[葉] 常緑～半落葉　[利用樹高] 小低木（草本状）

ゴールデンセージ
('イクテリナ' 'Icterina')
葉の周縁を中心に黄色の斑が広がり、中心部などに緑色の部分が残る。葉に芳香がある。夏に花茎を伸ばして先端付近の各節に青紫色の花が咲く。丈は約50～70cmになる。

トリコロールセージ
('トリコロール' 'Tricolor')
[別名] トリカラーセージ
葉が緑色の他、白色～クリーム色やピンク色、赤紫色に染まる。特に、新葉と低温期に斑が強く発色し、葉柄や茎も赤紫色になる。葉に芳香がある。夏に花茎を伸ばして先端付近の各節に青紫色の花が咲く。丈は約50～70cmになる。

パープルセージ
('プルプレア' 'Purpurea' = 'Purpurascens')
[別名] レッドセージ
新葉や葉柄、茎が赤紫色になる。成葉になると銀灰緑色になり、新葉から成葉までが赤紫～銀灰緑色のグラデーションのようになる。葉に芳香がある。夏に花茎を伸ばして先端付近の各節に青紫色の花が咲く。丈は約50～70cmになる。

フォックスリータイム
Thymus pulegioides 'Foxley'
[原種の別名] ブロードリーフタイム
[原種の原産地] 地中海西部沿岸の山地　[耐寒目安] 北海道以南
[耐陰性] 弱　[葉] 常緑　[利用樹高] 小低木
葉は他のタイム類より幅広で、新葉は全面が白色になることが多く、ピンク色が混じることもある。成葉では周縁などが白色で中央部が広く緑色になるか、斑がほとんど生じない葉も多い。冬は斑入り部分がピンク色～赤色に紅葉する。5～8月頃、枝先に淡いピンク色の花が咲く。匍匐性で丈は約20cmになる。

シルバータイム
Thymus vulgaris 'Silver Posie'
[原種の別名] コモンタイム、ガーデンタイム、タチジャコウソウ
[原種の原産地] 地中海沿岸西部　[耐寒目安] 北海道以南
[耐陰性] 弱　[葉] 常緑　[利用樹高] 小低木
小さい葉の中央部分は緑色で、周縁に白色の斑が生じる。斑入り部分は冬になると紅葉する。葉に芳香がある。5～6月頃に茎の先に淡いピンク色の花が咲く。立性でこんもり茂り、丈は約20cmになる。

●関連種
レモンタイム *Thymus x citriodorus*：コモンタイム (*vulgaris* 種) とフォックスリータイム (*pulegioides* 種) の交雑種で立性。レモンの香りがする。この品種の**ゴールデン・レモンタイム**（'Aureus'）は葉の全面が黄色～黄緑色（または黄色の縁取り）、**ゴールデン・クイーンタイム**（'Golden Queen'）は葉縁に黄色の斑が生じる。

シルバータイム

ゴールデン・レモンタイム

ジンチョウゲ科

ジンチョウゲ 'マエジマ' [前島]
Daphne odora 'Maejima'
[原種の原産地] 中国　[耐寒目安] 岩手県以南　[耐陰性] 弱～中
[葉] 常緑　[利用樹高]（小低木～）低木
葉の中央部分は濃い緑色で周縁に黄色の斑が生じ、周年観賞できる。3月頃に、花弁の内側が白色で外側が濃いピンク色の芳香がある花が咲く。

スイカズラ科

アベリア　*Abelia × grandiflora*
[別名] アベリア・グランディフロラ（学名の読み）、ハナゾノツクバネウツギ
[原産地] 交雑された2種（*chinensis* 種と *uniflora* 種）の原産地はともに中国　[耐寒目安] 青森県以南　[耐陰性] 弱
[葉] 常緑～半落葉　[利用樹高] 小低木～低木（品種による）

'コンフェッティ' 'Confetti'
葉の中央部分は緑色で、周縁に白色斑が入るが、秋～冬の寒い時期などはピンク色も混じる。夏～秋に、芳香性でややピンク色を帯びた白色の花が随時に咲く。矮性で葉も小形。

'サンライズ' 'Sunrise'
葉の中央部分は緑色で、周縁を中心に、春は黄色、夏は淡黄色、秋～冬季はピンク色や黄色・橙色の斑が不規則に生じ、一年を通して葉色がかなり変化する。夏～秋に、芳香性の白色の花が随時に咲く。

'フランシス・メイソン' 'Francis Mason'
新葉は全面が鮮やかな黄金色～黄色で、夏に向けて徐々に黄緑色になる。夏～秋に、芳香性でややピンク色を帯びた白色の花が随時に咲く。

●関連品種
'ジャックポット' 'Jackpot'：'フランシス・メイソン' の枝変わりによる園芸品種で、葉に丸みがあり、新芽の時期は赤みを帯びる。成葉になると黄色みが強い黄緑色になり、周縁に白色～黄色の斑が生じる。花はややピンク色を帯びた白色。矮性で成長が遅い。

スイカズラ　*Lonicera japonica*
[別名] ニンドウ（忍冬）、キンギンカ（金銀花）、ハニーサックル
[原産地] 北海道（南部）～九州　[耐寒目安] 北海道以南　[耐陰性] 弱
[葉] 常緑～半落葉　[利用樹高] 蔓性

'シミズニシキ' [清水錦] 'Shimizu-Nishiki'
[別名] 'ヒンロン'（'Hinlon'）
葉は中央部分が明るめの緑色で、これを囲むように黄色の斑が広がる。冬になると黄色の斑入り部分が淡いピンク色を帯びる。芳香があり、白色から淡黄色に変化する花が、6月頃と9月頃に咲く。

'オーレオレティキュラタ' 'Aureoreticulata'
[別名] キフ（黄斑）スイカズラ、ゴールデンハニーサックル
主脈から側脈までのすべての葉脈に沿って黄色～黄金色の斑が生じるため緑色と黄色の網目模様になり、周年観賞できる。芳香があり、白から淡黄色に変化する花が、6月頃と9月頃に咲く。

ロニセラ・ニティダ　Lonicera nitida

[原産地] 中国（雲南地域）　[耐寒目安] 北海道函館市〜青森県以南　[耐陰性] 弱　[葉] 常緑　[利用樹高] 匍匐状〜小低木

'エドミー・ゴールド'　'Edmee Gold'
葉の全面が黄色で、時期によって白色とクリーム色がグラデーションのようになった葉も混じる。長さ1cm内外の小さな葉が密生し、低く生育する。

'レモン・ビューティー'　'Lemon Beauty'
葉の周縁に黄色〜淡黄色の斑が広がって中央の緑色部分を囲み、その対比が美しい。長さ1cm内外の小さな葉が密生し、低く生育する。春に白色の小花が咲き、秋に淡紫色の果実が熟す。

オオベニウツギ　Weigela florida

[別名] オオタニウツギ、カラタニウツギ
[原産地] 日本（九州）、中国、朝鮮半島　[耐寒目安] 北海道帯広市以南　[耐陰性] 弱　[葉] 落葉　[利用樹高]（小低木〜）低木

'アレキサンドラ'　'Alexandra'
[別名] 'ワイン・アンド・ローズ'（'Wine and Roses'）
葉の全面がワインのような赤紫色で、秋近くは黒紫色になる。5〜6月頃にピンク色の花が咲く。赤色系には、その他、代用できるいくつかの園芸品種がある。

'バリエガタ'　'Variegata'
葉の中央部分は緑色で、周縁にクリーム色〜乳白色の斑が生じる。5〜6月頃にピンク色の花が咲き、徐々に淡くなって白花になる。

'ブライアント・ルビドール'　'Briant Rubidor'
[別名] 'オリンピアード'（'Olympiade'）
新葉は全面が鮮やかな黄金色〜黄色で、夏頃になると明るい黄緑色になる。5〜6月頃に赤紫色の花が咲く。

ツゲ科

セイヨウツゲ［西洋ツゲ］'エレガンティシマ'
Buxus sempervirens 'Elegantissima'
[別名] ボックスウッド 'エレガンティシマ'
[原種の別名] ボックスウッド
[原種の原産地] 地中海沿岸、西アジア
[耐寒目安] 北海道札幌市以南　[耐陰性] 弱〜中　[葉] 常緑
[利用樹高] 低木

葉の中央部は濃緑色で、周縁に乳白色〜クリーム色の斑が鮮明に生じ、一年中観賞できる。萌芽力が強く、刈り込みもできる。

フイリフッキソウ［斑入りフッキソウ］
Pachysandra terminalis 'Variegata'
[原種の別名] キチジソウ（吉事草）
[原種の原産地] 日本（北海道〜九州）、東アジア
[耐寒目安] 北海道以南　[耐陰性] 弱〜強　[葉] 常緑
[利用樹高] 小低木（草本状）

葉の中央部は濃い緑色で、周縁にクリーム色〜白色の斑が生じ、一年中観賞できる。葉先あたりの斑は基部に向けて筋状に伸びることが多い。4〜5月頃に淡黄緑色の花が咲く。地下茎で繁茂し、丈は約30cmになる。

ツツジ科

ヒメシャクナゲ 'ブルー・アイス'
Andromeda polifolia 'Blue Ice'
[原種の別名] ニッコウシャクナゲ
[原種の原産地] 日本（北海道〜本州中部）、北半球
[耐寒目安] 北海道以南　[耐陰性] 弱　[葉] 常緑
[利用樹高] 小低木

葉は細長く一年中、白緑色〜灰青緑色を呈し、冬はピンク色を帯びて葉色が冴える。5月頃にピンク色の小さな壺形の花が咲く。丈は約30cmにしかならない。

各種園芸品種

カルナ
Calluna vulgaris
[別名] カルーナ、ギョリュウモドキ
[原産地] ヨーロッパ〜西南アジア　[耐寒目安] 北海道以南
[耐陰性] 弱　[葉] 常緑　[利用樹高] 小低木

細かく分岐した枝に短小な葉が密生する。冬に橙色や赤色に美しく紅葉するものが多い。花はごく小さく、品種により白色、ピンク色、赤紫色などがあり、8〜10月頃に枝先付近に密生する。丈は約30cmにしかならない。葉色に変化のある園芸品種が多くある。
●園芸品種例
'ゴールド・ヘイズ' 'Gold Haze'：葉が黄色系
'シルバー・ローズ' 'Silver Rose'：葉がシルバー系
'サンライズ' 'Sunrise'：秋の紅葉が美しい系統

アメリカイワナンテン Leucothoe fontanesiana
[別名] セイヨウイワナンテン
[原産地] アメリカ東南部〜カナダ　[耐寒目安] 北海道札幌市以南　[耐陰性] 弱〜強　[葉] 常緑　[利用樹高] 小低木（〜低木）

'トリカラー' 'Tricolor'
新芽、新葉の多くは全面がピンク色〜淡いピンク色になる。斑は成葉になるにつれて白色や淡いピンク色と緑色の部分とが半々程度など、不規則に生じる。秋〜冬は斑入り部分が紅色〜ピンク色に染まる。古葉では斑入りにならないものがある。4〜5月頃、枝先に白色の花が穂状に咲く。

'レインボー' 'Rainbow'
新芽、新葉の多くは全面がピンク色〜白色になる。後に部分的に、または全面がクリーム色や黄色、白色、ピンク色、緑色の斑点状になる。秋〜冬は斑入り部分が紅色〜ピンク色に染まる。古葉では斑入りにならないものが多くなる。4〜5月頃、枝先に白色の花が穂状に咲く。

アセビ'フレーミング・シルバー'
Pieris 'Flaming Silver'
[原産地] 日本（宮城県以南～九州）原産のアセビ（*japonica* 種）とブータンやネパールなどに自生するヒマラヤアセビ（*formosa* 種）の交雑種　[耐寒目安] 北海道札幌市以南　[耐陰性] 弱～中　[葉] 常緑　[利用樹高]（小低木～）低木
新芽は全面が真っ赤で、その後ピンク色に、そしてクリーム色や黄色に変化し、成葉になると周縁に白色斑が生じた緑葉になる。3～4月頃に白色の花が多数咲く。

セイヨウシャクナゲ'プレジデント・ルーズベルト'
Rhododendron 'President Roosevelt'
[原種の原産地] 日本などに自生するシャクナゲ類の交雑等による園芸品種　[耐寒目安] 北海道函館市以南　[耐陰性] 弱～中　[葉] 常緑　[利用樹高] 低木
葉の中央部分を中心に黄色やクリーム色の斑が不規則に生じ、周縁は緑色になる。5～6月頃に、花弁の縁が赤く、中心が淡いピンク色になる花が咲く。

スズランノキ'ブルー・スカイ'
Zenobia pulverulenta 'Blue Sky'
[原種の原産地] アメリカ南東部
[耐寒目安] 北海道札幌市～函館市以南　[耐陰性] 弱
[葉] 落葉　[利用樹高]（小低木～）低木
葉はやや厚く、全面が灰青緑色～灰緑色を帯びる。夏の高温期は葉色が緑色がかり、また樹勢が弱りやすい。秋に紅葉する。5月頃に、白色でやや芳香がするスズランのような花が房状に咲く。同じツツジ科の別種で紅葉が大変美しく高木になるオキシデンドラム（*Oxydendrum arboreum*）も「スズランノキ」の名前で流通しているので、購入時に注意が必要。

ツバキ科

サカキ'トリカラー'
Cleyera japonica 'Tricolor'
[別名] フイリ（斑入り）サカキ
[原種の原産地] 本州（茨城県以西）～沖縄　[耐寒目安] 関東以西　[耐陰性] 弱～強　[葉] 常緑　[利用樹高] 中木～高木
葉の中央部分は濃い緑色で、周縁にクリーム色～乳白色の斑が生じ、ピンク色も帯びる。冬は、斑入り部分のピンク色がよく発色し、周年観賞できる。　　　（APG 分類ではサカキ科に移行）

ヒサカキ'ザンセツ'[残雪]
Eurya japonica 'Zansetsu'
[原種の別名] シャシャキ、ビシャシャキ
[原種の原産地] 日本（本州の岩手県以南）、朝鮮半島南部、台湾、中国　[耐寒目安] 青森県以南　[耐陰性] 弱～強　[葉] 常緑　[利用樹高] 低木
葉の全面がクリーム色や白色、緑色のまだら模様になったり、あるいは一部の面が緑色でその他がまだら模様になったりと、不規則に生じる。3～4月頃に悪臭がする白色の花が咲く。
（APG 分類ではサカキ科に移行）

トウダイグサ科

ナンキンハゼ 'メトロ・キャンドル'
Sapium sebiferum 'Metro Candle'
[原種の原産地] 中国、台湾、インド　[耐寒目安] 関東南部以西
[耐陰性] 弱　[葉] 落葉　[利用樹高] 中木～高木
春の新芽、新葉は緑色で、5月下旬～6月頃になると黄色～クリーム色の斑が広く不規則に発色し始める。この時期の新芽はピンク色を帯び、新葉ほど黄色の斑が生じる面が広い。盛夏の頃になると緑葉になりはじめ、秋に赤く紅葉する。

ナス科

フイリツルハナナス [斑入りツルハナナス]
Solanum jasminoides 'Variegata'
[原種の別名] ヤマホロシ（流通名）
[原種の原産地] ブラジル　[耐寒目安] 関東南部以西
[耐陰性] 弱　[葉] 常緑～半落葉　[利用樹高] 蔓性
葉の中央部分は緑色で、周縁に明るい黄緑色～黄色の斑が広く生じ、周年観賞できる。花は白色で、5～11月にかけて順次に咲く。日本原産の近縁種「ヤマホロシ（*japonense* 種）」の名で流通することがある。

ニシキギ科

ヒメマサキ [姫マサキ]
Euonymus
[原産地] ヒメマサキ（*boninensis* 種）は日本の小笠原、マサキ（*japonicus* 種）は日本（北海道南部～九州）、中国原産
[耐寒目安] 北海道札幌市以南　[耐陰性] 弱～中（黄色系は弱）
[葉] 常緑　[利用樹高] 小低木
ヒメサマキ（*boninensis* 種）またはマサキ（*japonicus* 種）の園芸品種と思われる、葉がマサキより小形で枝の分岐が多いものが「ヒメマサキ」として流通している。
●園芸品種例
'ゴールド・ダスト' 'Gold Dust'：新葉が黄金色になる。
'オーレオ・バリエガタ' 'Aureo Variegata'：葉縁に黄色～クリーム色の斑が入る。

'ゴールド・ダスト'

ツルマサキ *Euonymus fortunei*
[別名] アメリカツルマサキ（ツルマサキの変種に「アメリカツルマサキ」があるが、多くの場合、アメリカで作出された「ツルマサキ」の園芸品種に冠する流通名称になっていると思われる）
[原産地] 日本（北海道～沖縄）、朝鮮半島、中国　[耐寒目安] 北海道以南　[耐陰性] 弱～中（黄色系は弱）　[葉] 常緑　[利用樹高] 蔓性

'エメラルド・ガイティ' 'Emerald Gaiety'
[別名] アメリカツルマサキ 'エメラルド・ガイティ'
葉の中央部分が濃いエメラルドグリーンで、その周縁や中央部分に白色～乳白色の斑がやや散らばるように生じる。古葉では全面が緑色になることがある。冬は斑の部分がピンク色になる。

'エメラルド・ゴールド' 'Emerald'n Gold'
[別名] アメリカツルマサキ 'エメラルド・ゴールド'
新葉時は、中央部が緑色でその外側に鮮明な黄色の斑が広く生じる。夏に向けて徐々に緑色の部分が広くなり、古葉の多くは全面が緑色になる。冬は斑の部分が橙色～赤色に紅葉する。

'ハーレークイーン' ［ハーレクイン］ 'Harlequin'

[別名] アメリカツルマサキ 'ハーレクイン'
新葉はほぼ全面が白色になり、成葉ではモスグリーンや緑色、白色が混在して斑点状になる。古葉では全面が緑色になることがある。冬は斑の部分がピンク色～赤色に紅葉する。

マサキ　*Euonymus japonicus*

[別名] オオバマサキ
[原産地] 日本（北海道南部～九州）、中国　[耐寒目安] 北海道札幌市以南　[耐陰性] 弱～中（オウゴンマサキは弱）　[葉] 常緑
[利用樹高] 低木～中木

オウゴンマサキ ［黄金マサキ］ 'Aurea'

新葉は全面が鮮やかな黄金色～黄色に輝き、成葉になると夏頃に黄緑色～緑色に変わる。葉は厚めでやや光沢がある。

キンマサキ ［金マサキ］ 'Aureovariegatus'

[別名] キフクリン（黄覆輪）マサキ
葉の周縁を中心に通常は葉面の1/3程度の広さに黄色の斑が生じ、中央部分の緑色とのコントラストがはっきりしている。葉は厚めでやや光沢がある。

ギンマサキ ［銀マサキ］ 'Albomarginatus'

通常は、葉の周縁に白色～淡いクリーム色の斑が生じ、中央部の緑色とのコントラストがはっきりしている。葉は厚めでやや光沢がある。

ベッコウマサキ 'Bekkoumasaki'

[別名] キン（金）マサキ
葉の中央部に鮮明な黄色の斑が生じ、周縁の緑色とのコントラストがはっきりしている。葉は厚めでやや光沢がある。

ニレ科

ヨーロッパニレ 'ダンピエリ・オーレア'
Ulmus minor 'Dampieri Aurea'
[原種の原産地] ヨーロッパ中・南部
[耐寒目安] 北海道札幌市以南　[耐陰性] 弱　[葉] 落葉
[利用樹高] 中木～高木
新芽は淡黄色で、徐々に鮮やかさが増し、夏頃には葉の全面がメタリックな黄色～黄金色になり、秋まで観賞できる。葉は渦巻くように並列的に枝に着生する。樹形がスリムで枝が広がらない。

ケヤキ　*Zelkova serrata*
[別名] ツキ
[原産地] 日本（本州～九州）、朝鮮半島他
[耐寒目安] 北海道札幌市以南　[耐陰性] 弱　[葉] 落葉
[利用樹高]（中木～）高木

'オウゴン' [黄金] 'Ogon'
[別名] オウゴン（黄金）ケヤキ
新葉時は葉の全面が鮮明な黄色になる。徐々に緑色みが強くなるが、夏以降も原種よりは明るい黄緑色の葉を維持する。

'バリエガタ' 'Variegata'
[別名] フイリ（斑入り）ケヤキ
新芽～新葉時は白色やクリーム色、黄色、ピンク色の斑が不規則に混じって生じることが多い。成葉になると、ほとんどの葉で周縁部分にのみ白色斑が残る。新葉時に葉が縮れることが多い。

バラ科

コトネアスター・グラウコフィラス
Cotoneaster glaucophyllus
[別名] ギンヨウ（銀葉）コトネアスター
[原産地] 中国（雲南省）、ヒマラヤ
[耐寒目安] 青森県以南　[耐陰性] 弱～中　[葉] 常緑～半落葉
[利用樹高] 匍匐状～小低木
白色の綿毛が生じる葉は、全面がシルバーグリーンに輝く。秋から冬の時期に、特にシルバー色が強くなる。6月頃に白色の花が咲き、晩秋に橙色～赤色の果実が熟す。

セイヨウカナメモチ 'スカーレット・パール'
Photinia 'Scarlet Pearl'
[原種の原産地] セイヨウカナメモチ 'レッド・ロビン'（*Photinia × fraseri* 'Red Robin'）の選抜品種と思われる
[耐寒目安] 青森県以南　[耐陰性] 弱　[葉] 常緑
[利用樹高] 低木～中木
新葉は光沢があり 'レッド・ロビン' に比べて全面がより真っ赤になる品種で、成葉になると緑色になる。萌芽力が強く、再萌芽した新芽も真っ赤になる。'レッド・ロビン' は、カナメモチ（本州の東海地方～九州原産）とオオカナメモチ（本州の岡山県～九州、沖縄県原産）の交雑による園芸品種。

ピラカンサ 'ハーレークイーン' [ハーレクイン]
Pyracantha 'Harlequin'
[原産地] ヨーロッパなどに自生するピラカンサ属（トキワサンザシなど）の種間交雑等による園芸品種（細目不詳）
[耐寒目安] 青森県～岩手県以南　[耐陰性] 弱　[葉] 常緑
[利用樹高] 低木
新葉では中央部分の緑色を囲むように白色や淡いピンク色の斑が広く生じ、夏頃になると斑が黄色～クリーム色になる。冬になると斑入り部分がピンク色に染まる。5～6月頃に白色の花が咲き、11月頃に赤い果実が熟す。

アメリカテマリシモツケ　*Physocarpus opulifolius*

[原産地] アメリカ（北東部〜中部）
[耐寒目安] 北海道以南　[耐陰性] 弱（ディアボロは弱〜中）
[葉] 落葉　[利用樹高] 低木

'ディアボロ'　'Diabolo'

[別名] クレハ（紅葉）デマリ
新葉は全面が赤紫色で、夏にかけて徐々に暗紫色〜濃紫色になり、日照条件により黒っぽく見える。5〜6月頃にコデマリのような白い花が咲き、濃い葉色に映える。

'ルテウス'　'Luteus'

[別名] オウゴン（黄金）コデマリ、キンバ（金葉）コデマリ
新葉は全面が鮮やかな黄色で、夏に向けて鮮やかさがやや低下して明るい黄緑色になるが、秋まで観賞できる。
5〜6月頃にコデマリのような白い花が咲く。
●関連品種
'ダーツ・ゴールド'　'Dart's Gold'：夏になっても葉がライムグリーンで緑色を帯びにくい。

'ダーツ・ゴールド'

ベニスモモ

Prunus cerasifera var. *atropurpurea*
[別名] ベニバスモモ、アカバザクラ
[原産地] 西南アジア、コーカサス　[耐寒目安] 北海道帯広市以南
[耐陰性] 弱　[葉] 落葉　[利用樹高] 中木〜高木
新葉は全面が赤紫色で、後にやや濃い赤紫色になり、秋までこの葉色が続く。春の芽吹きと同時に、またはやや先駆けて淡桃色の花が咲き、夏に赤色の果実が熟して生食できる。自家不和合性なのでスモモの他品種で受粉しないと結実しにくい。
●関連品種
'ファスティギアタ'　'Fastigiata'：葉色は同じで樹形がスリムな品種。流通量は少ない。

春

夏

バージニアザクラ 'ベイリーズ・セレクト'

Padus virginiana 'Bailey's Select'
[品種名の別名] 'シューベルト・セレクト'（'Schubert Select'）、'カナダレッド'（'Canada Red'）
[原種の別名] プルヌス・ビルギニアナ（*Prunus virginiana*）、チョークチェリー
[原種の原産地] 北アメリカ中部〜カナダ　[耐寒目安] 北海道以南
[耐陰性] 弱　[葉] 落葉　[利用樹高] 中木〜高木
緑色の新葉が徐々に赤紫色になり、夏頃には全面が濃紫色へと変化する。4〜5月頃にやや芳香がする白色の花が穂状に咲き、夏に暗赤色〜黒色の果実が熟す。原種は、日本に自生するウワミズザクラやエゾノウワミズザクラに類似の種類。

プルヌス・システナ
Prunus × cistena
[原種の原産地] 北アメリカ原産のサンドチェリー（*Prunus pumila*）と中央アジア原産のミロバランスモモ（*Prunus crasifera*）の交雑種　[耐寒目安] 北海道札幌市以南　[耐陰性] 弱　[葉] 落葉　[利用樹高] 低木～中木
ベニスモモによく似ているが葉がやや長め。新葉時は赤紫色がより濃く鮮やかで、徐々に緑色を帯びてくるが、夏頃までは赤紫色の葉を観賞できる。春の芽吹きと同時に淡紅色の花が咲く。樹高は2m内外になる。

レッドリーフローズ
Rosa rubrifolia
[別名] ロサ・ルブリフォリア（学名の読み）、ロサ・グラウカ（*Rosa glauca*）
[原産地] 中央ヨーロッパ　[耐寒目安] 北海道帯広市以南　[耐陰性] 弱　[葉] 落葉　[利用樹高] 低木
葉の全面や枝が灰紫色になる原種バラ。5～6月頃に、淡紅色～紅色で花弁の基部が白い一重の花が咲く。秋に赤い実をたくさんつけるので落葉後も観賞できる。
●関連品種
'カルメネッタ'　*Rosa rubrifolia* 'Carmenetta'：レッドリーフローズと日本に自生するハマナスの交雑による園芸品種で、レッドリーフローズに酷似しているので代用できる。

シモツケ'ゴールドフレーム'
Spiraea japonica 'Goldflame'
[別名] オウゴン（黄金）シモツケ　[原種の別名] ホソバシモツケ
[原種の原産地] 日本（本州～九州）、中国、朝鮮半島
[耐寒目安] 北海道以南　[耐陰性] 弱　[葉] 落葉
[利用樹高] 小低木（～低木）
新芽はオレンジ色～赤色で、成葉になるにつれて全面が輝くような黄色になり、夏すぎ頃は黄緑色になる。春期はオレンジ色～赤色の新芽と、黄色の成葉が混じる。6～7月頃に淡紅色の花が咲く。

ヒルガオ科

コデマリ'ピンク・アイス'
Spiraea × vanhouttei 'Pink Ice'
[別名] サクラ（桜）デマリ、サクラ（桜）コデマリ
[原種の原産地] コデマリ（中国中南部原産）とミツデイワガサ（日本の福島県以西など原産）の交雑種　[耐寒目安] 北海道札幌市以南
[耐陰性] 弱　[葉] 落葉
[利用樹高] （小低木～）低木
新芽
ピンク色と白色の斑が葉面全体に吹き付けられたように広がる。特に新芽、新葉時は株全体がピンク色～白色に見える。成葉になるにつれて淡緑色化し、斑入りがやや目立たなくなる。

コンボルブルス・クネオルム'スノー・エンジェル'
Convolvulus cneorum 'Snow Angel'
[別名] コンウォルウルス'スノー・エンジェル'（属名の別読み）
[原種の原産地] 南ヨーロッパ、クロアチア
[耐寒目安] 関東南部以西　[耐陰性] 弱　[葉] 常緑
[利用樹高] （小低木～）匍匐状
葉にシルクのような艶があり、全面が銀緑色を呈して周年観賞できる。枝が横に伸びるように成長し、5～6月頃に白色で中心部分が黄色のやや大きな花が咲く。

フトモモ科

ユーカリ *Eucalyptus*
[原産地] オーストラリア　[耐寒目安] グニー（宮城県以南）、マウンテンスワンプガム（関東南部以西）　[耐陰性] 弱　[葉] 常緑
[利用樹高] 中木〜高木

マウンテンスワンプガム *Eucalyptus camphora*
若い葉はハート形で、葉色が青緑色〜灰緑色を呈し、周年観賞できる。花は白色。

ユーカリ・グニー *Eucalyptus gunnii*
葉は丸形で、表裏ともに銀白色〜銀青緑色になり、周年観賞できる。新芽や葉縁がピンク色を帯びることがある。耐寒性は、日本に導入されているユーカリの中では強い部類と思われる。花はクリーム色。

メラレウカ'レボリューション・ゴールド'
Melaleuca bracteata 'Revolution Gold'
[別名] メラレウカ・ブラクテアタ'レボリューション・ゴールド'（学名の読み）
[原種の原産地] オーストラリア　[耐寒目安] 関東南部以西
[耐陰性] 弱　[葉] 常緑　[利用樹高] 低木〜中木
新芽・新葉は全面がライムグリーンで、秋から冬になるほど黄色が濃くなり、周年観賞できる。葉は針葉樹のように細く、芳香がある。5〜6月頃に白色〜クリーム色の花が穂状に咲く。
●関連品種
'レッド・ジェム' 'Red Gem'：葉の全面、または葉先が赤色になる。晩秋〜冬は、ほぼ全面が鮮やかな赤色になる。

'レボリューション・ゴールド'

'レッド・ジェム'

フイリギンバイカ [斑入りギンバイカ]
Myrtus communis subsp. *tarentina* 'Microphylla Variegata'
[原種の別名] ヒメギンバイカ、ドワーフマートル
[原種の原産地] 地中海沿岸〜南西ヨーロッパ
[耐寒目安] 関東以西　[耐陰性] 弱〜中　[葉] 常緑
[利用樹高] 低木
ヒメギンバイカはギンバイカよりも矮性・小葉の種類。艶のある葉の中央部分は緑色で、周縁に白色の斑が生じる。秋〜冬は斑入り部分がピンク色になり、周年観賞できる。5〜6月頃に、白色で芳香がする花が咲く。葉にも香りがある。ギンバイカ（*Myrtus communis*）にも斑入りの品種がある。

ブドウ科

ノブドウ'エレガンス'
Ampelopsis glandulosa 'Elegans'
[別名] フイリ（斑入り）ノブドウ
[原種の原産地] 日本（北海道〜九州）、アジア東北部
[耐寒目安] 北海道以南　[耐陰性] 弱〜中　[葉] 落葉
[利用樹高] 蔓性
新葉が広がり切るにつれて、緑色の部分をまだらに残してピンク色と白色の斑が不規則かつ鮮明に生じる。茎も赤色みを帯びる。秋に淡紫色から空色へと変化する果実をつけるが、結実しにくい。

フイリアメリカヅタ [斑入りアメリカヅタ]
Parthenocissus quinquefolia 'Variegata'
[原種の別名] バージニアヅタ
[原種の原産地] アメリカ（東部〜中部）
[耐寒目安] 北海道札幌市以南　[耐陰性] 弱〜中　[葉] 落葉
[利用樹高] 蔓性
葉は基部まで切れ込んで通常5裂する。白色やクリーム色の斑が広がった葉面に、緑色が散らばったようになるなど不規則に生じて明るいイメージになる。秋になるとピンク色を帯び、後に紅葉する。蔓は巻きひげと吸盤で物をとらえて伸長する。

ヘンリーヅタ
Parthenocissus henryana
[原産地] 中国（中部地域など）
[耐寒目安] 青森県〜岩手県以南
[耐陰性] 弱〜中　[葉] 落葉　[利用樹高] 蔓性
葉は基部まで切れ込んで通常5裂する。新芽、新葉時は全面が赤色を帯びるが、徐々に赤色みが薄れて成葉では深緑色になる。葉脈部分が銀白色で目立ち、葉裏は紫色で茎も赤褐色を呈する。秋に紅葉する。蔓は巻きひげと吸盤で物をとらえて伸長する。

ブナ科

スダジイ'アンギョウ・イエロー' [安行イエロー]
Castanopsis sieboldii 'Angyo Yellow'
[別名] フイリバ（斑入り葉）シイノキ、フイリ（斑入り）スダジイ
[原種の別名] イタジイ、ナガジイ
[原種の原産地] 福島県・新潟県以南、四国、九州
[耐寒目安] 宮城県〜福島県以南　[耐陰性] 弱〜強　[葉] 常緑
[利用樹高] 中木〜高木
葉の周縁にクリーム色〜黄色の斑が広がり、中央部分は緑色になる。葉の中央部分にクリーム色〜黄色の斑が生じる中斑の品種もあり代用できる。

ヨーロッパブナ　*Fagus sylvatica*

[別名] セイヨウブナ、オウシュウブナ
[原産地] ヨーロッパ、コーカサス地方　[耐寒目安] 北海道以南　[耐陰性] 弱　[葉] 落葉　[利用樹高] 中木～高木

'プルプレア' 'Purpurea'

新葉は全面が赤紫色で、夏に向けて徐々に暗紫色に変化し、秋は赤銅色になる。葉に艶がある。九州などの暖地では生育が悪くなりやすい。
●関連品種
'ダーウィック・パープル' 'Dawyck Purple'：葉色は同じで樹形がスリムで枝が広がらない。本品種は流通量が少ない。

'プルプレア・トリカラー' 'Purpurea Tricolor'

紫葉の周縁から濃いピンク色の斑がにじむように生じる。葉には艶があり、ベースの葉色は、新葉時の赤紫色から徐々に暗紫色になり、秋は赤銅色になる。九州などの暖地では生育が悪くなりやすい。

オウゴンガシワ [黄金ガシワ]
Quercus aliena 'Lutea'
[原種の原産地] 日本（本州の秋田・岩手県～九州）、朝鮮半島、中国など　[耐寒目安] 北海道札幌市以南　[耐陰性] 弱　[葉] 落葉
[利用樹高] 中木～高木

ナラガシワ（カシワナラ）の園芸品種で、4～5月頃の新葉時は葉の全面が黄金色になり、同時に生じて下垂する花穂も黄金色に輝く。成葉になると緑色になり、秋に黄色～橙色に紅葉する。

イギリスナラ 'コンコルディア'
Quercus robur 'Concordia'
[別名] ゴールデン・オーク
[原種の別名] オウシュウナラ、ヨーロッパナラ
[原種の原産地] ヨーロッパ、北アフリカ
[耐寒目安] 北海道札幌市以南　[耐陰性] 弱　[葉] 落葉
[利用樹高] 中木～高木

粗く切れ込んだ葉の裂片は丸みを帯び、葉が波打つような感じになる。新葉時は全面が鮮やかな黄色～黄金色を呈し、成葉になると黄緑色になる。秋に赤橙色などに紅葉する。

マタタビ科

ミヤママタタビ

マタタビ
Actinidia polygama
[別名] コクワ
[原産地] 北海道～九州の山地
[耐寒目安] 北海道以南
[耐陰性] 弱～中　[葉] 落葉　[利用樹高] 蔓性
花期は6～8月頃で、この時期になると蔓の先付近の葉の全面または一部が真っ白になる。
●関連種
ミヤママタタビ（*Actinidia kolomikta*）：北海道から本州の中部地方以北の深山に自生し、葉がやや小形。同じく葉が白くなるが、白色部分がその後ピンク色になる点がマタタビとは異なる。

マツブサ科

フイリビナンカズラ [斑入りビナンカズラ]
Kadsura japonica 'Variegata'
[原種の別名] サネカズラ
[原種の原産地] 日本（本州の関東地方以西～九州）、中国、台湾
[耐寒目安] 北海道函館市以南　[耐陰性] 弱～強　[葉] 常緑
[利用樹高] 蔓性
白色～淡黄色の斑と緑色が葉の全面に散らばったようになり、不規則なまだら模様になる。7～8月頃にクリーム色の花が咲く。雌雄異株または同株で、雌花が咲けば秋に赤い球状になった果実が熟す。

マメ科

アカシア *Acacia*
[別名] ミモザ
[原産地] オーストラリア　[耐寒目安] 関東南部以西
[耐陰性] 弱　[葉] 常緑　[利用樹高] 低木～中木

ギンヨウアカシア

'プルプレア'

'オーレア'

ギンヨウアカシア [銀葉アカシア]
Acacia baileyana
葉の全面が銀緑色～灰緑色を呈し、一年中この葉色を維持する。3月頃にやや芳香がする黄色の花が密に咲いて枝が垂れる。
●関連品種
'プルプレア' 'Purpurea'：新芽・新葉は全面が紫色で成葉になると銀緑～灰色味を帯びた紫色になる。
'オーレア' 'Aurea'：葉の全面が一年中、やや薄い黄色になる。

サンカクバアカシア ［三角葉アカシア］
Acacia cultriformis
硬くて三角形状の葉は、全面が銀緑色～灰緑色を呈し、一年中この葉色を維持する。3月頃にやや芳香がする黄色の花が密に咲く。樹形はブッシュ状になる。

ブルーブッシュアカシア
Acacia covenyi
葉はやや細長く、全面が一年中銀青色を呈する。樹形はブッシュ状になる。3月頃にやや芳香がする黄色の花が密に咲く。

パールアカシア
Acacia podalyriifolia
葉は卵形で、綿毛が密生しているためビロードのように見える。葉色は、全面が一年中青白色～銀緑色で、アカシア類の中では最も銀色感が強い。3月頃にやや芳香がする黄色の花が密に咲く。

ネムノキ 'サマー・チョコレート'
Albizia julibrissin 'Summer Chocolate'
[原種の別名] ネブノキ、コウカ
[原種の原産地] 日本（本州～九州）、南アジア
[耐寒目安] 北海道函館市以南　[耐陰性] 弱　[葉] 落葉
[利用樹高] 中木～高木
新葉は緑色で、成葉になるにつれて全面が赤紫色～黒みを帯びた赤紫色になり、秋までこの葉色を維持する。8月頃に梵天（ぼんてん）様のピンク色の花が咲き、紫葉に映える。一般的な樹木に比べて春の萌芽が遅い。

新芽～新葉

85

アメリカハナズオウ　*Cercis canadensis*

[別名] カナダスオウ
[原産地] 北アメリカ（中部、東部）
[耐寒目安] 北海道函館市以南　[耐陰性] 弱～中　[葉] 落葉
[利用樹高] 低木～中木

'シルバー・クラウド'　'Silver Cloud'

白色の斑が不規則に生じるが、新葉時は多くの葉でほぼ全面が淡いピンク色～白色になる。夏に向けて徐々に緑色の部分が多くなる。淡紫色の小花が、早春の萌芽前に枝の各所に群れて咲く。

'ハート・オブ・ゴールド'　'Heart of Gold'

全面が鮮明な黄色い葉を、新葉時から秋まで維持する。淡紫色の小花が、早春の萌芽前に枝の各所に群れて咲く。カラーリーフのアメリカハナズオウの中では樹勢や耐寒性が強い部類と思われる。

'フォレスト・パンシー'　'Forest Pansy'

新芽、新葉は全面が輝くような赤紫色～濃紫紅色で艶がある。夏に向けてややくすんだ紫色になるが、秋まで紫葉を観賞できる。淡紫色の小花が、早春の萌芽前に枝の各所に群れて咲く。
●関連品種
'ルビー・フォールズ' 'Ruby Falls'：'フォレス・トパンシー'と枝垂れ性の'コビー'（'Covey'）の交雑による園芸品種で枝垂れ性。新葉は全面が濃赤紫色で、徐々に紫色が薄れて夏頃にはほぼ緑色になる。

コロニラ・バレンチナ 'バリエガタ'

Coronilla valentina 'Variegata'
[原種の原産地] ヨーロッパ（南東部～南西部）
[耐寒目安] 関東南部以西　[耐陰性] 弱　[葉] 常緑
[利用樹高]（小低木～）低木（草本状）

葉の周縁を中心に淡黄色～黄色の斑が不規則に入り、周年観賞できる。花は黄金色で芳香があり、5～9月にかけて各枝の先端に咲く。枝が蔓状に伸びやすいので、日当たりがよい場所の下草のアクセントや低いトレリスへの誘引などで利用する。

ニセアカシア 'フリーシア'

Robinia pseudoacacia 'Frisia'
[別名] オウゴンバ（黄金葉）アカシア
[原種の別名] ハリエンジュ
[原種の原産地] 北アメリカ　[耐寒目安] 北海道以南
[耐陰性] 弱　[葉] 落葉　[利用樹高] 中木～高木

葉は、新葉時から全面が美しい黄金色～黄色を呈する。秋に橙黄色に紅葉するまで、豊かに茂る柔らかいイメージの黄色の葉群を観賞できる。

マンサク科

トサミズキ'スプリング・ゴールド'
Corylopsis spicata 'Spring Gold'
[原種の原産地]四国（高知県）
[耐寒目安]北海道札幌市以南　[耐陰性]弱　[葉]落葉
[利用樹高]低木〜中木
早春に黄色の花穂が下垂して開花した後、やや赤色みを帯びた黄金葉が展開し、夏にかけて美しい黄色になり、秋まで観賞できる。

アメリカフウ　*Liquidambar styraciflua*
[別名]モミジバフウ
[原産地]北アメリカ中南部、中央アメリカ
[耐寒目安]北海道札幌市以南　[耐陰性]弱
[葉]落葉　[利用樹高]中木〜高木
（APG分類ではフウ科に移行）

マルバノキ'エナニシキ'　[恵那錦]
Disanthus cercidifolius 'Enanishiki'
[原種の別名]ベニマンサク
[原種の原産地]本州（中部地方から近畿地方、広島県）、高知県
[耐寒目安]北海道札幌市以南　[耐陰性]弱〜中　[葉]落葉
[利用樹高]低木〜中木
ハート形の葉は、中央部がやや灰色味を帯びた緑色で、葉縁から緑色部分へと白色斑がにじむように生じる。秋は斑入り部分がピンク色を帯び、全体が美しく紅葉する。落葉するころに星形の赤い小花が咲く。

'シルバー・キング'　'Silver King'
白色斑が葉の縁から中心に向けて、緑色部分へと不規則に入り込む。通常は緑色部分の面積が白色部分よりも広い。秋に橙色などに紅葉する。

'ナリー'　'Naree'
新芽は赤色みを帯びた黄色で、展葉すると全面が輝くような黄金色になり、やがて黄色みが低下して、夏頃になると黄緑色になる。秋に橙色や赤色、赤紫色に紅葉する。

87

アカバナトキワマンサク'バーガンディー'
Loropetalum chinense var. *rubrum* 'Burgundy'
[原種の別名] ベニバナトキワマンサク
[原種の原産地] 日本（本州中部、九州）、台湾、中国、インド
[耐寒目安] 福島県以南　[耐陰性] 弱～中　[葉] 常緑～半常緑
[利用樹高] 低木～中木
新葉は全面が明るい赤紫色で、夏頃になるとやや緑色を帯びてくるが、年間を通して紫色みを維持する。萌芽力がきわめて強いので刈り込みができる。再萌芽も赤紫色。花は紅色～淡紅色。

ミカン科

チョイシア・テルナタ'サンダンス'
Choisya ternate 'Sundance'
[原種の別名] メキシカンオレンジ、ショワジア・テルナタ
[原種の原産地] メキシコ　[耐寒目安] 関東南部以西
[耐陰性] 弱　[葉] 常緑　[利用樹高] 低木
艶がある葉は3小葉に分かれ、新葉時は全面がレモンイエローに色づく。成葉になると黄緑色になり、古葉は緑色になるが周年観賞できる。4～5月頃に芳香がする白色の花が集まって咲く。枝がよく分岐してこんもりした樹形になる。

サザンクロス'フイリーナ'
Crowea 'Fuiriina'
[別名] フイリ（斑入り）サザンクロス
[原種の別名] クロウエア（属名の読み）
[原種の原産地] オーストラリア　[耐寒目安] 関東南部以西
[耐陰性] 弱　[葉] 常緑　[利用樹高] 小低木
葉は細長く、多くは中央部分が緑色で周縁が黄色～クリーム色の斑入りになる。新葉など全面が黄色～クリーム色になる葉も混じる。秋～冬はピンク色に紅葉し、周年観賞できる。春から秋にかけて星型でピンク色の花が咲く。*Crowea exalata* が関与した園芸品種と思われる。

ミヤマシキミ'マジック・マルロー'
Skimmia japonica 'Magic Marlot'
[別名] スキミア'マジック・マルロー'（属名・品種名の読み）
[原種の原産地] 本州（関東地方以西）、四国、九州
[耐寒目安] 北海道函館市以南　[耐陰性] 弱～強　[葉] 常緑
[利用樹高] 小低木
葉の中央部分は銀色を帯びた緑色で、周縁にクリーム色の斑が生じる。秋にできた蕾が冬にかけてクリーム色からピンク色、赤色に変化し、4～5月頃に白色の花が咲く。葉色と蕾、花を合わせて周年観賞できる。本品種は雄木しかないので結実しない。樹高は約30～40cmになる。

ミズキ科

アオキ　*Aucuba japonica*

[原産地] 本州（宮城県）〜沖縄
[耐寒目安] 北海道函館市〜青森県以南　[耐陰性] 弱〜強
[葉] 常緑　[利用樹高] 低木
（APG分類ではガリア科またはアオキ科に移行）

'サルフレア・マルギナタ' ［サルフレア・マルギナタ］
'Sulphurea Marginata'

葉の中央部分は濃い緑色で、これを囲むように黄色〜明るい黄緑色の斑が広がる。やや矮性で、成長が緩慢。

'ピクチュラタ' ［ピクチュラータ］
'Picturata'

葉の周縁が濃い緑色で、その内側に黄色〜明るい黄緑色の斑が広く生じる。同時に細かい黄色の斑が、緑色の部分に散らばった状態になる。

シラタマミズキ　*Cornus alba*

[原産地] 中国東北部、シベリア　[耐寒目安] 北海道以南
[耐陰性] 弱　[葉] 落葉　[利用樹高] 低木

'オーレア'
'Aurea'

[別名] サンゴミズキ 'オーレア'

新葉は明るい黄色で、夏すぎ頃に明るい黄緑色になり、秋に黄色〜橙色に紅葉する。初夏に白色の花が咲き、白色の果実をつける。1年枝が冬に真っ赤に色づき、落葉後の枝も観賞できる。

'シビリカ・バリエガタ'
'Sibirica Variegata'

[別名] サンゴミズキ 'シビリカ・バリエガタ'、サンゴミズキ 'エレガンティシマ'（'Elegantissima'）

葉の中央部分は緑色で、周縁を中心に白色〜乳白色の斑が入り、秋まで観賞できる。初夏に白色の花が咲き、白色の果実をつける。1年枝が冬に真っ赤に色づき、落葉後の枝も観賞できる。

ミズキ 'バリエガタ'

Cornus controversa 'Variegata'
[別名] フイリ（斑入り）ミズキ
[原種の別名] クルマミズキ
[原種の原産地] 日本（北海道〜九州）、朝鮮半島、中国
[耐寒目安] 北海道以南　[耐陰性] 弱　[葉] 落葉
[利用樹高] 中木〜高木

新葉では周縁を中心にクリーム色〜乳白色の斑が広く生じ、成葉になるにつれて中央部分の緑色とのコントラストがはっきりした白色斑に変わる。

ハナミズキ 'チェロキー・サンセット'
Cornus florida 'Cherokee Sunset'
[品種名の別名] 'サンセット'（'Sunset'）
[原種の別名] アメリカヤマボウシ
[原産地] 北アメリカ　[耐寒目安] 北海道函館市以南
[耐陰性] 弱　[葉] 落葉　[利用樹高] 中木～高木

葉の中央部分は緑色で、これを囲むように黄色の斑が広く生じる。新葉は赤色みを帯び、徐々に斑の黄色みが強くなって初夏の頃に鮮やかな黄色～黄金色になる。秋になると斑入り部分がピンク色になる。4～5月頃に紅色の花が咲く。

●関連品種
'レインボー' 'Rainbow'：葉の中央部分は緑色で、これを囲むように黄色の斑が広く生じ、'チェロキー・サンセット'に酷似している。4～5月頃に白色の花が咲く。

ヤマボウシ　*Cornus kousa*
[別名] ヤマグワ
[原産地] 日本（本州～九州）、朝鮮半島、中国　[耐寒目安] 北海道以南　[耐陰性] 弱　[葉] 落葉　[利用樹高] 中木～高木

紅葉・果実

'ウルフ・アイ'
'Wolf Eyes'

葉の中央部分は緑色で、周縁にはっきりと目立つ白色斑が生じ、春から秋まで観賞できる。秋になると白色斑の部分からピンク色に染まって紅葉する。6月頃に白い花が咲き、秋に熟す果実は甘く生食できる。樹形がやや スリムで枝が広がりにくい。

'ゴールド・スター'
'Gold Star'

新芽は全体的に黄緑色で、成葉になるにつれて周縁が緑色をした葉の中央部分に、鮮明な黄色斑がくっきり目立つようになる。秋に紅葉する。6月頃に白色の花が咲き、秋に熟す果実は甘く生食できる。枝がやや広がりにくい。

メギ科

メギ *Berberis thunbergii*

[別名] ヨロイドオシ、トリトマラズ
[原産地] 関東〜九州　[耐寒目安] 北海道以南　[耐陰性] 弱　[葉] 落葉　[利用樹高] 低木

'アトロプルプレア'
'Atropurpurea'

葉は濃い紫色〜赤銅色で、落葉するまで美しい。秋に紅葉する。春に萌芽する頃に淡黄色の花が咲き、秋に赤い果実が熟す。枝に細く鋭い棘がある。

'オーレア'
'Aurea'

[別名] オウゴン（黄金）メギ

新葉は黄金色〜黄色で、蛍光塗料かのように輝く。後にやや鮮やかさが薄れるが夏を過ぎても明るい黄色を維持する。秋にオレンジ色を帯びて紅葉する。春に萌芽する頃に淡黄色の花が咲き、秋に赤い果実が熟す。枝に細く鋭い棘がある。

'ハーレークイン'　[ハーレクイン]
'Harlequin'

葉は赤紫色で、新葉時はピンク色やローズ色、白色の斑が散らばってにじむように生じる。夏に向けて斑の色が白色になるが深い赤紫色はあせない。秋に鮮やかに紅葉する。春に萌芽する頃に淡黄色の花が咲き、秋に赤い果実が熟す。枝に細く鋭い棘がある。

●関連品種
'ローズ・グロー'　'Rose Glow'：'ハーレークイン' によく似ていて代用できる。

'ヘルモンド・ピラー'
'Helmond Pillar'

葉の色が暗紫紅色で濃い。樹形が直立性で枝が叢生し、樹高は約1.5mになる。春に萌芽する頃に淡黄色の花が咲き、秋に赤い果実が熟す。枝に細く鋭い棘がある。

モクセイ科

フイリシマトネリコ
[斑入りシマトネリコ]
Fraxinus griffithii 'Variegata'
[原種の原産地] 日本（沖縄）、台湾、インドなど
[耐寒目安] 関東南部以西
[耐陰性] 弱　[葉] 常緑
[利用樹高] 中木～高木
全面がクリーム色～乳白色になる葉（小葉）と、緑色地に部分的にクリーム色～乳白色の斑が生じる葉（小葉）の両方が混在する。5月頃に白色の花が穂状に密に咲く。

フイリハゴロモジャスミン [斑入りハゴロモジャスミン]
Jasminum polyanthum 'Milky Way'
[別名] ハゴロモジャスミン 'ミルキー・ウェイ'
[原種の原産地] 中国南部　[耐寒目安] 関東南部以西
[耐陰性] 弱　[葉] 常緑　[利用樹高] 蔓性
葉は羽状で、各小葉の中央部分は緑色で周縁に乳白色の斑が生じて周年観賞できる。新芽は、ほとんど全面が乳白色になることがある。3～4月頃に、芳香がする白色の花が咲く。

トウネズミモチ 'トリカラー'
Ligustrum lucidum 'Tricolor'
[原種の原産地] 中国（中南部）
[耐寒目安] 福島県以南　[耐陰性] 弱～中
[葉] 常緑　[利用樹高] 中木～高木
新芽、新葉は赤色みを帯び、徐々に中心部分が緑色になり、その外側に生じる黄色～クリーム色の斑が濃くなる。秋に斑入り部分がピンク色になり、周年観賞できる。6～7月頃に芳香がする白色の花が穂状に咲く。

オオバイボタ　*Ligustrum ovalifolium*

[別名] プリペット
[原産地] 日本（本州の関東地方～九州）、朝鮮半島
[耐寒目安] 福島県～関東以西　[耐陰性] 弱
[葉] 常緑～半落葉　[利用樹高] 低木～中木

'オーレアム'
'Aureum'

葉の中央部は緑色で、その周縁に黄色の斑が生じ、一年中観賞できる。6～7月頃に芳香がする白色の花が穂状に咲く。萌芽力が強いので刈り込みもできる。

'レモン・アンド・ライム'
'Lemon and Lime'

葉の中央部の狭い範囲が緑色で外側に黄色～クリーム色の斑が'オーレアム'よりも広く生じ、明るいイメージがする（チャイニーズ・プリペット[*Ligustrum sinense*]の園芸品種とするケースもあるが、海外ではオオバイボタの園芸品種としているケースが多い）。

シルバープリペット

Ligustrum sinense 'Variegatum'
[原種の別名] チャイニーズ・プリペット、プリペット、シナイボタ、コミノネズミモチ
[原種の原産地] 中国　[耐寒目安] 青森県以南　[耐陰性] 弱～中
[葉] 常緑～半落葉　[利用樹高] 低木～中木

葉の中央部分は緑色で、周縁に白色の涼やかな斑が生じ、一年中観賞できる。6～7月頃に芳香がする白色の花が穂状に咲く。萌芽力が強いので刈り込みもできる。

リガストラム 'ビカリー'

Ligustrum 'Vicaryi'
[別名] オウゴン（黄金）イボタノキ
[原産地] オオバイボタ'オーレアム'（*Ligustrum ovalifolium* 'Aureum'：日本等原産）とセイヨウイボタ（*Ligustrum vulgare*：ヨーロッパ、アフリカ北部原産）の交雑による園芸品種
[耐寒目安] 宮城県以南　[耐陰性] 弱　[葉] 常緑～半落葉
[利用樹高] 低木～中木

やや硬めの葉の全面が光沢のある黄金色～黄色になり、冬はやや紫色を帯びて一年中観賞できる。6～7月頃に芳香がする白色の花が穂状に咲く。萌芽力が強いので刈り込みもできる。

ゴシキヒイラギ　［五色ヒイラギ］

Osmanthus heterophyllus 'Goshiki'
[別名] ヒイラギ'ゴシキ'（五色）
[原種の原産地] 本州（関東地方以西）～沖縄
[耐寒目安] 青森県以南　[耐陰性] 弱　[葉] 常緑
[利用樹高] 低木～中木

新葉は赤茶色を帯び、成葉になるにつれて葉の全面に黄色やクリーム色、ピンク色、オレンジ色、白色の斑が斑点状に生じる。11～12月頃に芳香がする白色の花が咲く。

●関連品種

フイリヒイラギ［斑入りヒイラギ］'Variegata'：葉縁に白色～乳白色の斑が生じる。

オウゴンヒイラギ［黄金ヒイラギ］'All Gold'：新葉は全面が黄金色で、成葉になるにつれて緑色になる葉も出る。

モチノキ科

チャイニーズホーリー 'オースプリング'
Ilex cornuta 'O'spring'
[別名] フイリ（斑入り）チャイニーズホーリー
[原種の別名] ヒイラギモチ、シナヒイラギ
[原種の原産地] 中国東北部、朝鮮半島　[耐寒目安] 宮城県以南
[耐陰性] 弱　[葉] 常緑　[利用樹高] 低木〜中木
主に葉の中央部分が緑色で、葉縁または緑色の部分に入り込むように黄色の斑が生じ、周年観賞できる。冬は、斑入り部分がピンク色〜赤紫色を帯びる。雄木の品種なので結実しない。

イヌツゲ　*Ilex crenata*
[別名] ヤマツゲ
[原産地] 日本（本州〜九州）、朝鮮半島
[耐寒目安] 北海道函館市以南　[耐陰性] 弱　[葉] 常緑
[利用樹高] 低木

オウゴンモチ [黄金モチ]
Ilex integra 'Ogon'
[原種の別名] モチノキ、トリモチノキ
[原種の原産地] 本州（宮城・山形県以南〜沖縄）、中国、台湾
[耐寒目安] 宮城県以南　[耐陰性] 弱　[葉] 常緑
[利用樹高] 中木〜高木
モチノキの園芸品種で、新葉は全面が黄金色になり、夏頃になると黄緑色に変わり、古葉は緑色になる。夏以降に出た新葉は冬も黄色のまま混在し、周年観賞できる。

'ゴールデン・ジェム'
'Golden Gem'
密生する葉の全面が鮮やかな黄色になり、周年観賞できる。萌芽力が強いので刈り込みができる。矮性で樹高は約50㎝〜1mになる。

'キフジン' [貴婦人]
'Kifujin'
全面がクリーム色や黄色になる葉と、緑色地にクリーム色や黄色の斑が生じた葉が混じり、周年観賞できる。矮性で葉が密生し、樹高は約50㎝〜1mになる。萌芽力が強いので刈り込みができる。

イレックス・アテヌアタ 'サニー・フォスター'
Ilex × attenuata 'Sunny Foster'
[別名] イレックス 'サニー・フォスター'（属名・品種名の読み）
[原種の原産地] ともにアメリカ原産の *opaca* 種（アメリカヒイラギ）と *cassine* 種の交雑種　[耐寒目安] 宮城県以南
[耐陰性] 弱　[葉] 常緑　[利用樹高] 低木〜中木
新芽、新葉時から葉の全面が黄色いが、成葉になるにつれてメタリックなより濃い黄色になる。夏は緑色みが強くなるが、秋〜冬になると黄色みが戻り、周年観賞できる。雌木なので冬に小さい赤色の果実が熟すが、結実量は少ない。

イレックス・アルタクレレンシス 'ゴールデン・キング'
Ilex × altaclerensis 'Golden King'
[別名] イレックス 'ゴールデン・キング'（属名・品種名の読み）
[原種の原産地] 地中海沿岸等原産の *aquifolium* 種（セイヨウヒイラギ）とカナリア諸島原産の *perado* 種の交雑種
[耐寒目安] 宮城県以南　[耐陰性] 弱　[葉] 常緑
[利用樹高] 低木〜中木

葉は鋸歯がほとんどなく大形の卵形状で光沢がある。葉の中央は濃い緑色で、周縁に黄色〜クリーム色の斑が生じ、周年観賞できる。雌木の品種なので冬に果実が赤く熟す。

●関連種
セイヨウヒイラギ 'ハンドワース・ニュー・シルバー'（*Ilex aquifolium* 'Handsworth New Silver'）：葉の周縁に白色の斑が生じる。流通量が少ない。

ヤナギ科

イヌコリヤナギ 'ハクロニシキ' [白露錦]
Salix integra 'Hakuro-Nishiki' [= 'Albomaculata']
[別名] ヤナギ 'ハクロニシキ'、五色ヤナギ
[原種の原産地] 日本（北海道〜九州）、朝鮮半島
[耐寒目安] 北海道札幌市以南　[耐陰性] 弱　[葉] 落葉
[利用樹高] 低木〜中木

新芽が伸び始めると淡いピンク色やクリーム色の斑が葉のほぼ全面に広がり、成葉になるにつれて白色斑に変わる。その後、夏頃になると白色と緑色のまだら模様になったり、ほとんど全面が緑色になったりする。

ギンドロ
Populus alba
[別名] ウラジロハコヤナギ、ハクヨウ（白楊）
[原産地] ヨーロッパ中南部、西アジア　[耐寒目安] 北海道以南
[耐陰性] 弱　[葉] 落葉　[利用樹高] 中木〜高木

葉表は緑色で、裏面に銀白色の綿毛が密生しているため、風に揺られて葉裏がキラキラ輝き、白い花が咲いているかのように見える。

●関連品種
'ラケット' 'Raket'：葉の色はギンドロと同じで、枝が広がらないスリムな樹形になる。
'リチャーディー' 'Richardii'：葉表が黄色になる（葉裏は銀白色）。両者ともに流通量が少ない。

ユズリハ科

フイリヒメユズリハ [斑入りヒメユズリハ]
Daphniphyllum teijsmannii 'Sirofukurin'
[別名] フイリ（斑入り）ヒメユズリハ白覆輪
[原種の原産地] 日本（本州の中南部〜沖縄）、朝鮮半島、中国
[耐寒目安] 関東南部以西　[耐陰性] 弱〜中　[葉] 常緑
[利用樹高] 中木〜高木

葉の中央を中心にした部分が緑色で、そのまわりまたは緑色の部分に入り込むように白色〜淡いクリーム色の斑が生じ、周年観賞できる。

針葉樹類

カラーリーフプランツ図鑑

イチイ科

オウゴンキャラボク [黄金キャラボク]
Taxus cuspidata var. *nana* 'Aurescens'
[別名] キンメ（金芽）キャラボク、キン（金）キャラ
[原種の別名] キャラ、ダイセンキャラボク
[原産地] 本州の日本海側　[耐寒目安] 北海道札幌市以南
[耐陰性] 弱　[葉] 常緑　[利用樹高] 低木
葉は平らな線形で、新芽、新葉が鮮やかな黄色～黄金色に輝く。夏に向けて徐々に黄緑色から緑色へと変わる。半球形状の樹形になり、矮性で樹高は約1m。

スギ科

メタセコイア'ゴールド・ラッシュ'
Metasequoia glyptostroboides 'Gold Rush'
[別名] メタセコイア'オウゴン'（'Ogon'）
[原種の別名] アケボノスギ
[原種の原産地] 中国（四川省）　[耐寒目安] 北海道札幌市以南
[耐陰性] 弱　[葉] 落葉　[利用樹高] 中木～高木
新葉は全面が輝くような黄金色～黄色になる。成葉ではやや鮮やかさが低下するが黄色を維持し、秋に橙色に紅葉するまで、周年観賞できる。
（APG分類ではヒノキ科に移行）

ヒノキ科

ヒノキ *Chamaecyparis obtusa*
[原産地] 本州の福島県～屋久島　[耐寒目安] 北海道札幌市以南　[耐陰性] 弱　[葉] 常緑　[利用樹高] 低木～高木（品種による）

オウゴンクジャクヒバ [黄金クジャクヒバ]
'Filicoides Aurea' [= 'Fernspray Gold']
鱗片状の葉が肥厚して、孔雀の尾羽のようにフワフワした感じになる。新葉は、はじめはレモン色でやや緑色みを帯びるが、徐々に鮮明な黄色になる。秋以降の低温期はより鮮やかさを増し、周年観賞できる。中木～高木で、枝が斜上して樹形は円錐形に整う。

'クリプシー'
'Crippsii'
鱗片状の葉が黄金色～黄色を呈する。枝が古くなるとその部分の葉は徐々に黄緑色～緑色になるが、木全体としては一年中黄色を維持する。中木～高木で、樹形は整った円錐形になる。
●関連品種
オウゴン（黄金）チャボヒバ [キンチャボ、オウゴンヒバ] 'Ogonchabohiba'：葉色は同じだが枝葉が短縮して密生し、樹形がスリムになる。

'ナナルテア'
'Nana Lutea'
葉は、オウゴンチャボヒバのように短縮して密生し、一年中濃い黄色を呈する。樹高が約50cmにしかならない矮性種で、球形～広円錐形の樹形になる。

サワラ *Chamaecyparis pisifera*

[原産地] 本州（岩手県）〜九州　[耐寒目安] 北海道札幌市以南　[耐陰性] 弱　[葉] 常緑　[利用樹高] 低木〜高木（品種による）

'ゴールデン・モップ' 'Golden Mop'

鱗片状の葉が一年中黄金色〜黄色を呈し、細長い枝が垂れ下がる。通常は枝が斜上または水平に伸びて樹形が盃状〜匍匐状になるが、芯を立てて仕立てると中木に成長する。

'フィリフェラ・オーレア' 'Filifera Aurea'

[別名] オウゴン(黄金)イトヒバ、オウゴン(黄金)ヒヨクヒバ

鱗片状の葉は、一年中黄金色〜黄色を呈する。中木〜高木で、樹形は成長すると円錐形になり、小枝の先が垂れ下がる。

'ボールバード' [ブルーバード] 'Boulevard'

やや湾曲し羽毛のような感触がする新葉は、一年中銀緑色〜灰白色を呈する。中木〜高木で円錐形に成長するが、若木は半球状になる。

ヌマヒノキ 'レッド・スター'
Chamaecyparis thyoides 'Red Star' [= 'Purple Feather']

[別名] ヌマヒノキ 'パープル・フェザー'
[原種の別名] ヌマヒバ
[原種の原産地] 北アメリカ
[耐寒目安] 北海道札幌市以南　[耐陰性] 弱
[葉] 常緑　[利用樹高] 低木〜中木

葉は短い幅広の針葉で、春〜夏の間は濃い青色を帯びた緑色を呈し、気温が下がる秋〜冬は赤紫色に変わる。矮性で枝葉が密に生じ、低木〜中木の円柱形樹形になる。

アリゾナイトスギ *Cupressus arizonica*

[原産地] メキシコ北部〜北アメリカ　[耐寒目安] 宮城県以南
[耐陰性] 弱〜中　[葉] 常緑　[利用樹高] 中木〜高木

'サルフレア' 'Sulfurea'

鱗片状の葉は、一年中パステルカラーの淡いクリーム色を呈し、気温が低い冬季は黄色みがやや濃くなる。樹形は円錐形になり枝がやや広がりにくい。

'ブルー・アイス' 'Blue Ice'

鱗片状の葉は、一年中銀白色〜灰青色を呈する。樹形は円錐形になり枝がやや広がりにくい。

モントレーイトスギ ‛ゴールドクレスト・ウイルマ’
Cupressus macrocarpa ‛Goldcrest Wilma’ [= ‛Wilma’]
[原種の別名] モントレーサイプレス
[原種の原産地] 北アメリカ（カリフォルニア州） [耐寒目安] 青森県以南
[耐陰性] 弱　[葉] 常緑
[利用樹高] 低木～中木

鱗片状の葉と針葉が混じって生じるが、柔らかい。一年中黄色を維持するが、新葉時の黄金色～黄色が最も美しい。樹高は約2～3mになり、‛ゴールド・クレスト’よりも枝葉が密生した紡錘形樹形になる。高温多湿の環境では生育不良になりやすい。

イタリアンサイプレス ‛スワンズ・ゴールデン’
Cupressus sempervirens ‛Swane's Golden’
[原種の別名] ホソイトスギ
[原種の原産地] 地中海沿岸、西アジア
[耐寒目安] 関東以西　[耐陰性] 弱
[葉] 常緑　[利用樹高] 中木～高木

葉は鱗片状で、春～夏はレモン色を呈する。気温が下がる秋～冬は橙色を帯びた黄色になり、周年観賞できる。すき間ができないほどに枝葉が緻密に生じ、狭円錐形～円柱形の樹形を長く維持する。

レイランドヒノキ ‛ゴールド・ライダー’
Cupressus x leylandii ‛Gold Rider’
[原種の別名] レイランディー、レイランドサイプレス
[原種の原産地] アラスカヒノキ（アラスカ地方原産）とモントレーイトスギ（北アメリカ原産）の交雑種　[耐寒目安] 青森県以南
[耐陰性] 弱　[葉] 常緑
[利用樹高] 中木～高木

鱗片状の葉は一年中、黄色～黄金色で、冬は橙色を帯びて黄色が濃くなる。枝が横に飛び出すように伸びて、円錐形の樹形になる。

ビャクシン ‛セイブロック・ゴールド’
Juniperus chinensis ‛Saybrook Gold’
[原種の原産地] 日本（本州太平洋岸）、朝鮮半島、中国
[耐寒目安] 北海道帯広市以南　[耐陰性] 弱　[葉] 常緑
[利用樹高] 盃状～匍匐性

ビャクシンの園芸品種で、茎に密着する触っても痛くない短い針葉が春から秋まで美しい黄色を呈する。冬は黄色みがやや薄れるが、周年観賞できる。枝が斜上～水平に四方に伸びて、樹形は杯状～匍匐状になる。

アメリカハイビャクシン ‛マザー・ローデ’
Juniperus horizontalis ‛Mother Lode’
[原種の原産地] 北アメリカ西部
[耐寒目安] 北海道以南　[耐陰性] 弱　[葉] 常緑
[利用樹高] 匍匐性

鱗片状の葉が春～秋まで鮮やかな黄色～黄緑色を呈する。冬はオレンジ色～褐色を帯び、周年観賞できる。枝が地面を這うように伸びて広がる。

コロラドビャクシン 'ブルー・エンジェル'
Juniperus scopulorum 'Blue Angel'
[原種の原産地] 北アメリカ（ロッキー山脈）
[耐寒目安] 北海道札幌市以南　[耐陰性] 弱　[葉] 常緑　[利用樹高] 中木〜高木

葉は鱗片状で厚みがやや薄く、類似品種中、最も美しい銀青色になる。特に新葉時の銀青色が鮮やかで、徐々に青色みがやや低下するが、周年観賞できる。枝が直上〜斜上し、狭円錐状のスリムな樹形になる。

●関連品種
'ムーングロウ' 'Moonglow'：針葉と鱗片状の葉が混生し、やや緑色みを帯びた銀青色になる。枝葉が密で樹形は狭円錐状。
'ブルー・ヘブン' 'Blue Heaven'：触ると少し痛い鱗片状の葉は糸状で銀灰青色になる。枝葉がやや粗く、樹形は狭円錐状。
'ウィチタ・ブルー' 'Wichita Blue'：鱗片状の葉は棒状で丸みがあり、青緑色でやや白色を帯びる。樹形は狭円錐状。

ニイタカビャクシン 'ブルー・スター'
Juniperus squamata 'Blue Star'
[原種の原産地] 中国、台湾、ヒマラヤ、アフガニスタンの高地　[耐寒目安] 北海道帯広市以南
[耐陰性] 弱　[葉] 常緑　[利用樹高] 盃状〜半球形状

触ると痛い硬くて短い針葉は春から秋まで銀青色〜青緑色で、特に新梢の時期に銀青色が強く発色する。冬はややブロンズ色を帯び、周年観賞できる。枝が斜上〜水平に伸びて広がる。

●関連品種
'ブルー・カーペット' 'Blue Carpet'：'ブルー・スター' と同じような葉色で、樹形は匍匐状〜盃状になる。用い方により代用できる。

コノテガシワ *Platycladus orientalis*
[別名] センジュ
[原産地] 中国、朝鮮半島　[耐寒目安] 北海道札幌市以南　[耐陰性] 弱　[葉] 常緑　[利用樹高] 低木〜高木（品種による）

オウゴンコノテガシワ [黄金コノテガシワ]
'Semperaurea'
[別名] コノテガシワ 'センパオーレア'

新葉は鮮やかな黄色〜黄金色で、夏に向けて徐々に緑色が強くなり、冬は赤褐色を帯びる。平らな枝葉が密に直上し、樹冠が整った楕円形樹形になる。矮性で低木。刈り込みもできる。

'エレガンティシマ'
'Elegantissima'

新葉は鮮やかな黄色〜黄金色で、夏に向けて徐々に緑色が強くなり、冬は赤褐色を帯びる。平らな枝葉が密に直上し、樹冠が整った狭円錐形〜円柱状の樹形になる。中木〜高木。刈り込みもできる。

ニオイヒバ　Thuja occidentalis
[原産地]北アメリカ（アパラチア山脈など）　[耐寒目安]北海道以南　[耐陰性]弱　[葉]常緑　[利用樹高]低木～高木（品種による）

'ヨーロッパ・ゴールド'
'Europe Gold'

葉は鱗片状で、新葉時は黄金色～黄色に輝く。夏に向けてやや黄緑色になる。冬は橙色や褐色を帯びた黄色になり、周年観賞できる。平らな枝葉が水平に伸びて、やや太めの整った円錐形樹形になる。樹高は中木～高木。葉を揉むと芳香がする。

'ラインゴールド'
'Rheingold'

葉は柔らかい針葉で、春から秋まで黄色～黄緑色を呈し、冬は橙色や褐色になり、周年観賞できる。通常は低木で卵形～半球状の樹形になるが、芯を立てると1～2mの円錐形になる。葉を揉むもと微香がする。

マツ科

コロラドモミ　'ビオラシア'
Abies concolor 'Violaceae'
[原種の別名]シロモミ
[原種の原産地]北アメリカ　[耐寒目安]北海道以南
[耐陰性]弱　[葉]常緑　[利用樹高]低木～中木

針葉は柔らかくやや長めでわずかに湾曲し、青緑色～灰緑色を呈して周年観賞できる。枝はやや粗生し、円錐状の樹形になる。

アルプスモミ　'コンパクタ'　['アリゾニカ・コンパクタ']
Abies lasiocarpa 'Compacta' [= 'Arizonica Compacta']
[原種の別名]ロッキーモミ
[原種の原産地]北アメリカ　[耐寒目安]北海道以南
[耐陰性]弱　[葉]常緑　[利用樹高]低木～中木

枝に密生する針葉は短く先が尖らないので触っても痛くない。青緑色～灰緑色を呈し、周年観賞できる。斜上する枝が分岐して密生し、きれいな円錐形になる。

●関連種
ノーブルモミ　'グラウカ'　*Abies procera* 'Glauca'：北アメリカ原産で全体の趣が似ていて代用できるが、流通量は少ない。

アトラスシーダー　*Cedrus atlantica*

[別名] アトラスシダー、アトラススギ
[原産地] 北アフリカ（アトラス山地等）　[耐寒目安] 北海道札幌市以南　[耐陰性] 弱　[葉] 常緑　[利用樹高] 中木～高木

'グラウカ'
'Glauca'
短い針葉が一箇所（短枝）に多数束生して銀青色～灰青緑色を呈し、周年観賞できる。樹形は成長すると整った円錐形になる。

'グラウカ・ペンデュラ'
'Glauca Pendula'
'グラウカ'の枝垂れ性品種で、樹高は低木～中木。短い針葉が一箇所（短枝）に多数束生して銀青色～灰青緑色を呈し、周年観賞できる。支柱で幹を誘引して仕立てると美しく枝垂れる。

ヒマラヤスギ 'オーレア'
Cedrus deodara 'Aurea'
[原種の別名] ヒマラヤシーダー
[原種の原産地] ヒマラヤ北部～アフガニスタン東部
[耐寒目安] 北海道札幌市以南　[耐陰性] 弱　[葉] 常緑
[利用樹高] 中木～高木
針葉が短枝には束生し長枝には散生し、アトラスシーダーよりもやや長い。新葉時は明るい黄色で、夏頃になると黄緑色になり、周年観賞できる。冬はベージュ色を帯びることがある。
●関連品種
'ゴールデン・ホリゾン' 'Golden Horizon'：葉色は'オーレア'と同じ。枝が匍匐状に伸びて樹高が高くなりにくいが、支柱で芯を立てると中木状にも仕立てられる。

イタリアカサマツ [イタリア傘松]
Pinus pinea
[別名] シルバークレスト、カサマツ（傘マツ）、パラソルマツ
[原産地] 南ヨーロッパ、西アジア
[耐寒目安] 北海道以南　[耐陰性] 弱　[葉] 常緑
[利用樹高] 低木

松葉は、古葉になると緑色になるが、新葉は灰青緑色を呈するので周年観賞できる。老成すると大木になり傘型樹形になるが、園芸的には低木的に利用される。

プンゲンストウヒ　*Picea pungens*
[別名] コロラドトウヒ、アメリカハリモミ
[原産地] 北アメリカ（西北部）　[耐寒目安] 北海道以南
[耐陰性] 弱　[葉] 常緑　[利用樹高] 低木〜高木（品種による）

'グラウカ・グロボサ'
'Glauca Globosa'
硬くて先が尖る針葉は、古葉になると緑色になるが、枝先の新葉は銀青色を呈するので、周年観賞できる。斜上する枝が密生して、樹形が半球形状になる矮性の低木品種。
●関連品種
'モンゴメリー' 'Montgomery'：徐々に芯が立つが小さいうちは樹形が半球形状で'グラウカ・グロボサ'によく似ている。

'ホプシー'
'Hoopsii'
銀青色が最も強く発色して美しい代表的な品種。硬くて先が尖る針葉は、古葉になると緑色になるが、枝先の新葉は銀青色を呈するので、周年観賞できる。中木〜高木で、枝が水平に伸びて樹形は円錐形になる。
●関連品種
'コースター' 'Koster'：ホプシーよりも成長が緩慢で、枝が広がりにくい。
'ファット・アルバート' 'Fat Albert'：ホプシーよりも枝張りが大きくなり丸みのある円錐樹形になる。

多年草類　カラーリーフプランツ図鑑

アカバナ科

ハクチョウソウ 'チェリー・ブランディー'
Gaura lindheimeri 'Cherry Brandy'
[別名] ヤマモモソウ、ガウラ（属名の読み）
[原産地] 北アメリカ　[耐寒目安] 北海道札幌市以南　[耐陰性] 弱　[葉] 半常緑～夏緑　[草丈] ～約40cm

若葉はローズピンク色で、夏に向けて徐々に暗緑色になる。花弁の縁がやや白いピンク色の花が、夏から秋にかけて長期にわたり咲く。

●関連品種
'クリムソン・バタフライ' 'Crimson Butterflies'：葉と茎は暗赤紫色。濃いピンク色の花が夏から秋にかけて長期にわたり咲く。

アブラナ科

エリシマム　*Erysimum*
[別名] ケイランサス、チェイランサス
[原産地] 南ヨーロッパなどが原産のエリシマム（*Erysimum* = *Cheiranthus*）属の種間交雑等による園芸品種
[耐寒目安] 北海道札幌市以南　[耐陰性] 弱　[葉] 常緑～半常緑　[草丈] ～約30cm

'コッツウォルド・ジェム'
'Cotswold Gem'
葉の中央部分は緑色で、周縁にクリーム色～黄色の斑が生じる。4～7月頃に薄紫色の花が咲く。高温多湿に弱い。

'ボーレス・ムーブ'
'Bowles Mauve'
葉は灰色～銀色を帯びた濃い緑色で、5～6月頃に藤色の花が咲く。高温多湿に弱い。

アヤメ科

フイリカキツバタ [斑入りカキツバタ]
Iris laevigata 'Variegata'
[原産地] 北海道～九州
[耐寒目安] 北海道以南　[耐陰性] 弱　[葉] 夏緑
[草丈] ～約50cm

幅広で長い葉に、白色の斑が1/3～1/2程度の幅で縦に生じ、緑色の部分との対比が美しい。5～6月頃に紫色の花が咲く。湿地に植栽できる数少ないカラーリーフプランツの一つ。

イネ科

リボングラス
Arrhenatherum elatius ssp. *bulbosum* 'Variegatum'
[別名] リボンガヤ
[原種の原産地] ヨーロッパ
[耐寒目安] 北海道札幌市以南
[耐陰性] 弱
[葉] 常緑〜半常緑（夏期に枯れやすい）
[草丈] 〜約25cm
ヨーロッパで牧草にされるオオカニツリの園芸品種。叢生する軟らかい葉の、主に中央部分が緑色で周縁などに白色の斑が生じて縦縞模様になる。

セイヨウダンチク
Arundo donax 'Variegata'
[別名] フイリ（斑入り）ダンチク
[原種の別名] ヨシタケ
[原種の原産地] 日本（関東地方以西〜沖縄）、台湾、中国、インド他
[耐寒目安] 北海道函館市以南　[耐陰性] 弱
[葉] 常緑　[草丈] 〜約3m
ダンチクの園芸品種で、葉が緑色と白色の縦縞模様になり周年観賞できる。白色の斑入り部分の面積が広いので、全体として白っぽく、明るく見える。排水性のよい水辺にも植栽できる。

パンパスグラス 'シルバー・ストライプ' ['アルボリネアタ']
Cortaderia selloana 'Silver Stripe' [= 'Albolineata']
[原種の別名] シロガネ（白銀）ヨシ
[原種の原産地] 南アメリカ
[耐寒目安] 福島県以南　[耐陰性] 弱〜中
[葉] 常緑〜半常緑　[草丈] 〜約2m
葉は大形のススキ様で、緑色地に白色の斑が生じて縦縞模様になる。原種よりもやや矮性で、8〜10月頃に生じる穂の長さは約50cm。
● 関連品種
'ゴールド・バンド' 'Gold Band'：緑色地に黄色の斑が生じて縦縞模様になる。原種よりもやや矮性。

デスカンプシア・カエスピトサ 'ノーザン・ライツ'
Deschampsia caespitosa 'Northern Lights'
[原種の原産地] 北アメリカ、ヨーロッパ、アジア
[耐寒目安] 北海道以南　[耐陰性] 弱〜中　[葉] 常緑
[草丈] 〜約60cm
小形のススキのように見える葉は、中央付近に緑色の細い筋があり、その周縁にピンク色やクリーム色の斑が広く生じる。ピンク色は、春と気温が低下する秋以降に強く発色する。

フェスツカ・グラウカ
Festuca glauca
[別名] ブルーフェスキュー、シルバーグラス、ウシノケグサ、ギンシンソウ（銀針草）
[原産地] アジア〜ヨーロッパ　[耐寒目安] 北海道以南
[耐陰性] 弱　[葉] 常緑　[草丈] 〜約30cm
株元から叢生する線状の長い葉が、一年中銀青色〜灰青緑色を呈する。5〜6月頃に生じる穂も葉と同じ色になる。

フウチソウ　*Hakonechloa macra*
[別名] ウラハグサ
[原産地] 本州の中部地方の太平洋側　[耐寒目安] 北海道以南　[耐陰性] 弱～中　[葉] 夏緑　[草丈] ～約40cm

'オール・ゴールド'
'All Gold'
[別名] オウゴン（黄金）フウチソウ
叢生する細長い葉の全面が黄金色～黄色を呈する。新葉時は特に鮮やかな黄色になる。秋にオレンジ色に紅葉することがある。

キンウラハグサ　[金ウラハグサ]
'Aureola'
叢生する細長い葉が黄色になり、中央付近などに緑色の筋が縦に生じる。
●関連品種
ベニフウチソウ [紅フウチソウ]：葉先付近が赤くなる。

ベニチガヤ
Imperata cylindrica 'Rubra'
[原種の別名] ツバナ
[原種の原産地] 日本全土、アジアの亜熱帯地方他
[耐寒目安] 北海道以南　[耐陰性] 弱　[葉] 夏緑
[草丈] ～約40cm
チガヤの園芸品種で葉先付近が赤くなり、緑色の部分との境目が株元に向かって赤から緑色のグラデーションになる。4～6月頃に、銀白色～白色の穂が生じる。

ススキ　*Miscanthus sinensis*
[別名] カヤ
[原産地] 日本（北海道～沖縄）、西アジア　[耐寒目安] 北海道以南　[耐陰性] 弱～中　[葉] 夏緑
[草丈] ～約1m（'ゴールド・バー'は約50cm）

'ゴールド・バー'
'Gold Bar'
[別名] タイガーグラス
葉が、緑色と黄色の横縞模様になる。斑入りのタイプがタカノハススキに似るが、黄色斑が密に生じて明るく見え、かつ草丈が半分程度（約50cm）にしかならない点が異なる。

シマススキ　[縞ススキ]
'Variegatus'
葉の周縁や中央部に白色～淡いクリーム色の斑が縦に生じて縞模様になる。

タカノハススキ
'Zebrinus'
[別名] ヤバネススキ
葉が、緑色と黄色の横縞模様になる。黄色斑はまばらに生じる。

パニカム・ビルガツム 'チョコラータ'
Panicum virgatum 'Chocolata'
[別名] パニカム 'チョコラタ'
[原種の原産地] カナダ、北アメリカ、メキシコ
[耐寒目安] 北海道以南　[耐陰性] 弱　[葉] 夏緑
[草丈] 〜約1.2m
葉は柔らかく、やや直立的に叢生する。初夏頃から葉先を中心に赤紫色に色づき、夏に葉と同じような色合いの細かい穂が多数生じる。
●関連品種
'シェナンドア' 'Shenandoah'：夏頃まで葉先付近が黒紫色で、晩夏頃から緑色、黄色、赤色、黒紫色のグラデーション様になる。'チョコラータ' によく似ているので代用できる。

パープルファウンテングラス
Pennisetum setaceum 'Rubrum'
[別名] アカホチカラシバ（赤穂チカラシバ）／ペニセタム、ペニセツム（属名の読み）
[原種の原産地] 熱帯アフリカから中東アジア
[耐寒目安] 九州以南　[耐陰性] 弱　[葉] 夏緑〜半常緑
[草丈] 〜約50㎝
葉はブロンズ色で光沢があり、秋になるとより濃いブロンズ色になる。6〜10月頃にかけて、葉色と合わせて太く赤い穂も観賞できる。暖地以外では一年草として扱う。

トワダアシ [十和田アシ]
Phalaris arundinacea 'Tricolor'
[原種の原産地] 日本（北海道〜九州）、朝鮮半島、中国
[耐寒目安] 北海道以南
[耐陰性] 弱　[葉] 夏緑
[草丈] 〜約60㎝
クサヨシの園芸品種で、葉はススキのように細長く、葉質が柔らかい。緑色、白色、ピンク色の縦縞模様になり、全体としてピンク色が目立つ。ピンク色は春と秋に特に強く発色する。茎は直立する。原種は湿地に自生する。

カムロザサ
Pleioblastus auricoma
[別名] オウゴン（黄金）ザサ
[原種の原産地] 日本原産の栽培種　[耐寒目安] 青森県以南
[耐陰性] 弱　[葉] 常緑　[草丈] 〜約30㎝
新葉が黄金色になり、緑色の細い縦縞が不規則に生じる。黄色みは徐々に薄れ、夏頃には全面が黄緑色〜緑色になる。

チゴザサ
Pleioblastus fortunei
[別名] シマ（縞）ダケ
[原産地] 本州の福島県以南〜九州
[耐寒目安] 青森県以南　[耐陰性] 弱〜中　[葉] 常緑
[草丈] 〜約30㎝
葉が一年中緑色と白色の不規則な縦縞模様になる。新葉時の斑入りが特に美しい。

フイリセントオーガスチングラス
[斑入りセントオーガスチングラス]
Stenotaphrum secundatum 'Variegatum'
[原種の別名] イヌシバ、アメリカシバ、バッファローグラス
[原種の原産地] 北アメリカ南部
[耐寒目安] 神奈川県以西
[耐陰性] 弱　[葉] 常緑
[草丈] 〜約10㎝
葉が緑色と白色〜淡黄色の縦縞模様になり、周年観賞できる。白色〜淡黄色の斑は、主に葉の中央部に幅広く生じるので、全体に明るく見える。暖地の芝生などに利用できる。

オオバコ科

キンギョソウ'ブロンズ・ドラゴン'
Antirrhinum majus 'Bronze Dragon'
[原種の原産地] 南ヨーロッパ、北アフリカ　[耐寒目安] 関東以西
[耐陰性] 弱　[葉] 半常緑　[草丈] 〜約 40㎝
葉の全面が濃い紫色で、ほとんど黒色に見えることもある。春と秋の気温が低い時期ほど紫色が濃くなり、気温が高い時期は緑色を帯びる。花はピンク色で、4〜10月頃に咲く。寿命が2年程度の短命な多年草なので、一年草扱いされることが多い。

リナリア・プルプレア
Linaria purpurea
[別名] ムラサキウンラン、シュッコン(宿根)リナリア
[原産地] ヨーロッパ南東部
[耐寒目安] 北海道札幌市以南
[耐陰性] 弱
[葉] 半常緑〜夏緑
[草丈] 〜約1m
長く伸びた茎に着生する細長い葉は、青緑色〜灰緑色を呈する。花は、5〜10月頃にわたり長い茎の先に穂状に咲く。花は紫色が一般的で、白色などもある。こぼれ種でもよく増える。

ペンステモン・ディギタリス'ハスカー・レッド'
Penstemon digitalis 'Husker Red'
[別名] ペンステモン'ハスカー・レッド'(属名・品種名の読み)
[原種の原産地] アメリカ(東部〜東南部)
[耐寒目安] 北海道以南　[耐陰性] 弱　[葉] 半常緑
[草丈] 〜約 80㎝
葉は、春は濃い赤紫色で、夏すぎには赤色みが薄れて暗緑色になる。秋〜冬は紅葉して再び赤色みが戻る。花は淡いピンク色〜白色で、6〜8月頃に茎の先に穂状に咲く。こぼれ種でもよく増える。

カタバミ科

オキザリス・レグネリー'トリアングラリス'
Oxalis regnellii 'Triangularis'
[別名] オキザリス'ムラサキノマイ'(紫の舞)、インカノカタバミ、カラスバ(烏葉)オキザリス、サンカクバオキザリス、オキザリス'トライアングラリス'
[原種の原産地] ブラジル　[耐寒目安] 福島県以南
[耐陰性] 弱〜中　[葉] 夏緑　[草丈] 〜約 30㎝
葉は、それぞれが三角形状をした3小葉からなり、オキザリス類中最も大きい。葉の全面が濃赤紫色になり、春から秋までこの葉色を維持する。6〜10月頃に淡いピンク色の花が咲く。

カヤツリグサ科

コゴメスゲ'ジェネキー'
Carex brunnea 'Jenneke'
[別名] カレックス'ジェネキー'(属名・品種名の読み)
[原種の別名] コゴメスゲ、コゴメナキリスゲ
[原種の原産地] 本州(関東以西)〜沖縄
[耐寒目安] 青森県以南　[耐陰性] 弱〜中　[葉] 常緑
[草丈] 〜約 30㎝
葉は細く立ちぎみに叢生する。葉の中央部が黄色で周縁が緑色の縦縞模様になり、周年観賞できる。黄色の斑が幅広く生じるので、全体的には黄色っぽく見える。

カレックス・ブキャナニー
Carex buchananii
[原種の原産地] ニュージーランド　[耐寒目安] 北海道札幌市以南
[耐陰性] 弱　[葉] 常緑　[草丈] ～約50㎝
叢生する葉は細長く、垂直に伸びて先端付近が湾曲して垂れる。新葉時はカーキ色で徐々に赤褐色に変わり、周年観賞できる。

カンスゲ'シルバー・セプター'
Carex morrowii 'Silver Scepter'
[別名] カレックス'シルバー・セプター'（属名・品種名の読み）
[原種の原産地] 本州（福島県以南）～九州
[耐寒目安] 北海道以南　[耐陰性] 弱～中　[葉] 常緑
[草丈] ～約30㎝
葉はやや幅広で、緑色と白色のかなり明瞭な縦縞模様になり、周年観賞できる。緑色と白色の面は、ほぼ同じ比率になる。

ベアーグラス
Carex oshimensis 'Evergold'
[別名] ベアーグラス、カレックス'エバーゴールド'（属名・品種名の読み）
[原種の原産地] 伊豆諸島　[耐寒目安] 北海道札幌市以南
[耐陰性] 弱～強　[葉] 常緑　[草丈] ～約30㎝
オオシマカンスゲの園芸品種で、葉の中央部分に白色～クリーム色の斑が縦に広く生じ、周縁が緑色になり周年観賞できる。アーチ状に垂れる葉が叢生して大きく茂り、株が最大直径で50㎝くらいになる。

カレックス・トゥリフィダ'レコフ・サンライズ'
Carex trifida 'Rekohu Sunrise'
[別名] カレックス'レコフ・サンライズ'
[原種の原産地] ニュージーランド　[耐寒目安] 青森県以南
[耐陰性] 弱～中　[葉] 常緑　[草丈] ～約50㎝
葉の、主に中央部分が幅広く緑色になり、周縁に黄色の斑が生じて周年観賞できる。やや幅広の葉が大きくカールして、株がドーム状になる。

クリスタルグラス
Ficinia truncata
[原産地] 南アフリカ　[耐寒目安] 関東以西　[耐陰性] 弱
[葉] 常緑　[草丈] ～約20㎝
葉は濃い緑色で、葉縁に白毛が生じて薄い膜のようになっているため、雪か霜で縁取られているかのように見える。葉の長さが10～15㎝の小形の植物。

シマフトイ ［縞フトイ］
Scirpus tabernaemontani 'Zebrinus'
[別名] ヨコジマ（横縞）フトイ
[原種の原産地] 日本全土
[耐寒目安] 北海道以南
[耐陰性] 弱～中　[葉] 夏緑
[草丈] ～約1ｍ
稈に白色斑が横に生じ、緑色部分との横縞模様になる。白色斑は夏に向けてやや薄くなるが秋まで観賞できる。沼地に自生するので湿地に植える。
●関連品種
タテジマフトイ［縦縞フトイ］
'Pictus'：白色の斑が縦に生じて緑色との縦縞模様になる。

カンナ科

カンナ'ベンガル・タイガー'
Canna 'Bengal Tiger'
[原種の原産地] カンナはカリブ諸島、熱帯アメリカ原産のダンドク（*Canna indica*）を基に改良された園芸品種
[耐寒目安] 関東南部以西　[耐陰性] 弱　[葉] 夏緑
[草丈] ～約1m
葉は幅広く大形で、葉脈に沿ってレモン色の斑が細かく生じ、緑色との縞模様になる。全体としては黄色っぽく見える。7～10月頃にオレンジ色の花が咲く。

キキョウ科

ロベリア・カルディナリス'クイーン・ビクトリア'
Lobelia cardinalis 'Queen Victoria'
[別名] ロベリア'クイーン・ビクトリア'
[原種の別名] ベニサワギキョウ、ヨウシュサワギキョウ
[原種の原産地] アメリカ東部
[耐寒目安] 北海道札幌市以南
[耐陰性] 弱　[葉] 夏緑
[草丈] ～約60cm
葉の全面と茎が濃い赤紫色になり、秋まで観賞できる。8～9月頃に通常は赤色の花が咲くが、白花品種もある。原種は湿り気のある場所に自生する。

キク科

アサギリソウ
Artemisia schmidtiana
[別名] アルテミシア（属名の読み）
[原産地] 日本（北陸以北～北海道）、樺太、千島
[耐寒目安] 北海道以南　[耐陰性] 弱　[葉] 常緑
[草丈] ～約30cm
葉は羽状に裂け、細い茎が分岐して株がこんもり茂る。葉、茎ともに銀白色の絹毛が密生し、全体が銀白色に見える。8～9月頃に茎頂から花茎を伸ばし、淡黄色の花が多数咲く。
●関連品種
'ゴールド・カーペット' 'Gold Carpet'：葉が黄色～黄金色になる。

シロヨモギ [白ヨモギ]
Artemisia stelleriana
[別名] ビーチワームウッド
[原産地] 北海道～本州の北部　[耐寒目安] 北海道以南
[耐陰性] 弱　[葉] 常緑～半常緑　[草丈] ～約30cm
茎葉が白色の短い綿毛に覆われているため、株全体が銀白色を呈する。7～10月頃に長い茎の先に黄色の花が咲くが、目立たない。海岸付近に多く自生し、地下茎で繁茂する。

ダリア'ミッドナイト・ムーン'
Dahlia 'Midnight Moon'
[別名] ガーデンダリア'ミッドナイト・ムーン'
[原種の原産地] メキシコ、ガテマラ　[耐寒目安] 四国以西
[耐陰性] 弱　[葉] 夏緑　[草丈] ～約30cm
葉の全面が濃い紫色になり黒っぽく見える。夏から秋にかけて黄色等の花が咲く。暖地以外では、地上部が枯れた後に掘り上げて保管し、春植え球根扱いにする。

ユーパトリウム 'チョコレート'

Eupatorium rugosum 'Chocolate'
= *Ageratina altissima* 'Chocolate'
[原種の別名] マルバフジバカマ
[原種の原産地] 北アメリカの東、中部
[耐寒目安] 北海道札幌市以南　[耐陰性] 弱〜中　[葉] 夏緑
[草丈] 〜約1m
葉と茎が紫色みを帯びた赤銅色になる。花は白色で、株立ちになった茎の先に夏から秋にかけて長期にわたり咲き、葉色とのコントラストが美しい。

フイリフジバカマ [斑入りフジバカマ]

Eupatorium fortunei 'Pink Frost'
[別名] ユーパトリウム 'ピンク・フロスト'（属名・品種名の読み）
[原種の原産地] 中国（日本の関東地方以西で野生化）
[耐寒目安] 北海道札幌市以南　[耐陰性] 弱〜中　[葉] 夏緑
[草丈] 〜約1m
葉にクリーム色〜白色の斑が不規則に生じる。斑入り葉はやや縮むように変形することが多い。花はピンク色で、株立ちになった茎の先に夏から秋にかけて長期にわたり咲く。

ツワブキ 'ウキグモニシキ' [浮雲錦]

Farfugium japonicum 'Ukigumonishiki'
[品種名の別名] ウキグモ（浮雲）
[原種の別名] ツヤブキ、イシブキ
[原種の原産地] 日本（福島県以南）、台湾、中国中部
[耐寒目安] 宮城県以南　[耐陰性] 中〜強　[葉] 常緑
[草丈] 〜約50cm
艶のある濃い緑色の葉に、白色〜乳白色の斑が不規則かつ広く生じ、周年観賞できる。晩秋に長い花茎の先に山吹色の花が数輪から10輪ほど咲く。
●関連品種
'テンボシ'[天星]'Tenboshi'：濃い緑色の葉面に、黄色の丸い斑が星を散りばめたように広がる。

ガザニア 'シルバー・カーペット'

Gazania rigens 'Silver Carpet'
[原種の原産地] 南アフリカ　[耐寒目安] 神奈川県以西
[耐陰性] 弱　[葉] 常緑〜半常緑　[草丈] 〜約30cm
株全体が銀白色に輝く。5〜10月頃に黄色の花が長期にわたり咲く。暖地以外は一年草扱いにする。
●関連品種
'タレント''Talent'、'シルバー・タレント''Silver Talent'もほぼ同様の品種で代用できる。

ヘリクリサム・ペティオラレ 'シルバー・ミスト'

Helichrysum petiolare 'Silver Mist'
[原種の原産地] 南アフリカ　[耐寒目安] 神奈川県以西
[耐陰性] 弱　[葉] 常緑〜半常緑　[草丈] 〜約30cm
枝に密に着生した卵形の葉は、全面が一年中銀白色〜銀灰色を呈する。枝は、主に横に伸びて広がる。
●関連品種
'オーレア''Aurea' [='Lime light']：葉の全面がライムグリーンになる。
'バリエガタ''Variegata'：葉の中央部分が緑色で周縁にライムグリーンの斑が生じる。

'シルバー・ミスト'　'バリエガタ'

マルバダケブキ 'ブリットマリー・クロフォード'
Ligularia dentata 'Britt-Marie Crawford'
[別名] リグラリア 'ブリットマリー・クロフォード'（属名・品種名の読み）
[原種の原産地] 本州の中部以北、四国の深山
[耐寒目安] 北海道札幌市以南　[耐陰性] 弱〜中　[葉] 夏緑
[草丈] 〜約1m
フキに似た大形の葉が紫色みを帯びたブロンズ色〜赤黒くなり、葉裏は特に紫色が濃い。夏の高温期は紫色みがやや薄れて緑色を帯びる。8〜10月頃に長い花茎の先に鮮やかな山吹色の花を複数開花する。

オステオスペルマム 'ザイール・バリエガタ'
Osteospermum 'Zaire Variegata'
[原種の別名] アフリカンデージー
[原種の原産地] 熱帯アフリカ　[耐寒目安] 神奈川県以西
[耐陰性] 弱　[葉] 常緑〜半常緑　[草丈] 〜約25cm
葉の中央部分は緑色で、周縁に黄色〜黄緑色の斑が生じる。4〜10月頃に白色や紫色の花が咲く。暖地以外は一年草扱いにする。

シロタエギク
Senecio cineraria
[別名] ダスティーミラー / セネシオ・シネラリア、セネキオ・シネラリア（学名の読み）
[原産地] 地中海沿岸　[耐寒目安] 青森県以南　[耐陰性] 弱
[葉] 常緑　[草丈] 〜約50cm
葉は羽状に切れ込む。茎葉に銀白色の軟毛が密生するので、株全体が一年中銀白色に輝く。株が成長すると、6〜8月頃に黄色の花が咲く。
●関連種
セントーレア・シネラリア [ケンタウレア・シネラリア]（*Centaurea cineraria*）：同じくシロタエギクの名で流通することがあり、葉がよく似ているが、本種は花が紫紅色な点が異なる。

シルバーレース
Tanacetum ptarmiciflorum
[別名] シロタエギク
[原産地] ヨーロッパ南西部
[耐寒目安] 神奈川県以西　[耐陰性] 弱　[葉] 常緑
[草丈] 〜約25cm
葉は細かくレース状に切れ込む。茎葉に銀白色の軟毛が密生するので、株全体が一年中銀白色に輝く。夏頃にキクに似た白色の花が咲く。暖地以外は一年草扱いにする。

キジカクシ（クサスギカズラ）科

フクリンリュウゼツラン

アオノリュウゼツラン

シライトノオウヒニシキ ［白糸の王妃錦］
Agave filifera 'Variegata'
［別名］アガベ・フィリフェラ　'バリエガタ'（学名の読み）
［原種の原産地］メキシコ　［耐寒目安］関東以西　［耐陰性］弱
［葉］常緑　［草丈］～約40㎝（直径は約50㎝）
葉はイトラン（*Yucca filamentosa*）によく似ている。緑色をした葉の縁に白色の糸状繊維が生じ、中央部分にはクリーム色～黄色の斑が広く入る。
●関連種
イトラン 'ガーランド・ゴールド' *Yucca filamentosa* 'Garland Gold'：灰緑色をした葉の縁から淡褐色の糸状繊維が生じ、中央部分にクリーム色～黄色の斑が広く入る。原種の原産地は北アメリカ。

アオノリュウゼツラン
Agave americana
［原産地］メキシコの北東部
［耐寒目安］関東以西　［耐陰性］弱　［葉］常緑
［草丈］～約2m
株元から生じる厚みのある葉が1～2mに斜上する大形の多年草。葉の全面が青灰緑色～青緑色になり周年観賞できる。
●関連品種
フクリンリュウゼツラン［覆輪リュウゼツラン］ 'Marginata'：葉縁に黄色の斑が生じて縦縞模様になる。

ホスタ ［ギボウシ］ *Hosta*
［原産地］日本、東アジアの自生種の交雑等による園芸品種が多くある　［耐寒目安］北海道以南　［耐陰性］中～強　［葉］夏緑
［草丈］～約50㎝

'チョウダイギンヨウ'

ホスタの群植

●大形系の品種例

'アトランティス' 'Atlantis'：葉長約30㎝。葉の中心は緑色で、周縁に広く生じる斑は新葉時に黄緑色で、夏に向けて鮮やかな黄色になる。花は薄紫色。
'サム・アンド・サブスタンス' 'Sum and Substance'：葉長約40㎝。艶がある葉の全面が明るい黄緑色になり、葉裏は白色を帯びる。花は薄紫色。
'チョウダイギンヨウ[長大銀葉]' 'Chodaiginyo'：葉長約45㎝。葉の全面が灰青色～灰青緑色。花は淡紫色。別名はホスタ 'チョウダイギン[長大銀]'。
'ビッグ・ダディー' 'Big Daddy'：葉長約30㎝。葉は丸形でカップ状に湾曲し、全面が灰青色～灰青緑色になる。花は白色～淡紫色。
'フランシス・ウイリアムズ' 'Frances Williams'：葉長約30㎝。葉の中心の広い面が灰青緑色で、周縁に黄緑色の斑が生じる。花は白色～薄紫色。

●中形系の品種例

'インデペンデンス' 'Independence'：葉長約20cm。葉の周縁を中心に白色斑が生じ、中心部分の緑色は広く濃い。花は薄紫色。
'ゴールド・スタンダード' 'Gold Standard'：葉長約20cm。新葉は緑色で、徐々に明るい黄緑色〜黄色になり、周縁に緑色の縁取りができる。花は薄紫色。
'ハルシオン' 'Halcyon'：葉長約20cm。葉の全面が灰青色〜灰青緑色になる。花は白色。
'パトリオット' 'Patriot'：葉長約15cm。葉の中心の緑色の部分を囲むように真っ白い斑が広く生じる。花は薄紫色。
'フラグラント・ブーケ' 'Fragrant Bouquet'：葉長約20cm。葉の中心の広い面が黄緑色で、周縁が白色の斑で縁取られる。花は白色〜淡紫色。

●小形系の品種例

'ゴールデン・ティアラ' 'Golden Tiara'：葉長約10cm。葉の中心の広い面が緑色で、周縁に黄色の縁取りができる。花は薄紫色。
'ブンチョウコウ[文鳥香]' 'Bunchoko'：葉長約10cm。やや濃い緑色の葉の周縁が白色の斑で縁取られる。花は内側に濃紫色の筋がある紫色。

ヤブラン　*Liriope muscari*

[別名] リリオペ（属名の読み）
[原産地] 日本（本州〜沖縄）、東アジア
[耐寒目安] 北海道札幌市以南　[耐陰性] 弱〜強　[葉] 常緑
[草丈] 〜約40cm

シロフヤブラン [白斑ヤブラン]
'Variegated White'
やや幅広の長い葉が叢生し、緑色と幅広い白色斑の不規則な縦縞模様になる。新葉は全面が真っ白になる。夏〜秋に長い花茎を伸ばしてピンク色の小花が穂状に咲く。

フイリヤブラン [斑入りヤブラン]
'Variegata'
やや幅広の長い葉が叢生し、主に中央部が緑色で葉縁がクリーム色〜黄色斑の縦縞模様になる。夏〜秋に長い花茎を伸ばして赤紫色の小花が穂状に咲く。

ノシラン ‘ビッタータス’
Ophiopogon jaburan 'Vittatus'
[原種の原産地] 日本(本州の東海地方以西)、韓国
[耐寒目安] 北海道札幌市以南　[耐陰性] 弱～強　[葉] 常緑
[草丈] ～約50㎝

葉は、緑色と白色斑が同程度に混じった縦縞模様になる。夏～秋に長い花茎を伸ばして目立たない白色の小花が穂状に咲く。細長い葉が叢生し、湾曲して下向きに垂れて伸び、盛り上がった大株になる。

ジャノヒゲ ‘ハクリュウ’ [白竜]
Ophiopogon japonicus 'Hakuryu'
[原種の別名] リュウノヒゲ
[原種の原産地] 日本(北海道～沖縄)、中国
[耐寒目安] 北海道函館市以南　[耐陰性] 弱～強　[葉] 常緑
[草丈] ～約15㎝

葉は細く、緑色と白色斑が同程度に混じった縦縞模様になる。新葉は白色斑の部分が多い。夏に花茎を伸ばし、白色～淡紫色の小花が咲く。株は小形。

オオバジャノヒゲ ‘コクリュウ’ [黒竜]
Ophiopogon planiscapus 'Nigrescens'
[原種の原産地] 本州～九州
[耐寒目安] 北海道函館市以南　[耐陰性] 弱～強　[葉] 常緑
[草丈] ～約25㎝

全面が黒紫色で光沢のある細長い葉が叢生し、光の状態によっては黒色に見える。夏に花茎を伸ばし、白～淡紫色の小花が咲き、黒緑色の果実をつける。

フイリアマドコロ [斑入りアマドコロ]
Polygonatum odoratum var. *pluriflorum* 'Variegatum'
[原種の原産地] 日本(北海道～九州)、朝鮮半島、中国
[耐寒目安] 北海道以南　[耐陰性] 中　[葉] 夏緑
[草丈] ～約80㎝

長く伸びて湾曲する茎に楕円形の葉をつける。白色～クリーム色の斑が、葉縁や中央の緑色部分に縦に入り込むように生じる。4～5月頃に白色～緑白色の筒状の花が、各葉腋に通常2個ずつ下垂して咲く。

フイリキチジョウソウ [斑入りキチジョウソウ]
Reineckea carnea 'Variegata'
[原種の原産地] 本州(関東地方以西)～九州
[耐寒目安] 青森県以南　[耐陰性] 弱～強　[葉] 常緑
[草丈] ～約30㎝

やや幅広の長い葉が叢生し、緑色と白色斑の不規則な縦縞模様になる。ほとんど全面が白色になる葉も混じる。9～11月頃、葉に隠れて淡紅紫色の花が穂状に咲く。

キスゲ(ワスレグサ)科

ニューサイラン *Phormium*
[別名] マオラン
[原産地] 本来、ニューサイランはニュージーランド原産で葉が大形の *tenax* 種を指すが、小形で葉質が薄い *colensoi* 種および両者の交雑種も含めてニューサイランの名前で流通している。両者の交雑種も多いと思われる。
[耐寒目安] 関東南部以西　[耐陰性] 弱　[葉] 常緑
[草丈] ～約1m (*colensoi* 種)、～約2m (*tenax* 種)

‘イエロー・ウェーブ’
'Yellow Wave'
緑色地に淡黄色の筋が入り、緑色と黄色の不規則な縦縞模様になる(交雑種)。

'プルプレア'
'Purpurea'
葉の全面が紫色を帯びたブロンズ色になる（tenax 種）。
●関連品種
'イブニング・グロー'
'Evening Glow'：明るい赤色と紫色を帯びたブロンズ色の不規則な縦縞模様になる（colensoi 種）。
'プラッツ・ブラック'
'Platt's Black'：葉の幅がやや広く、全面が黒紫色になる（tenax 種）。

'レインボー・サンライズ'
'Rainbow Sunrise'
葉が赤色やピンク色、緑色の不規則な縦縞模様になる（tenax 種）。

キンポウゲ科

セイヨウオダマキ 'レプレチャウン・ゴールド'
Aquilegia vulgaris 'Leprechaun Gold'
[別名] セイヨウオダマキ 'レクレチャム・ゴールド'
[原種の原産地] ヨーロッパ、北アフリカ
[耐寒目安] 北海道札幌市以南　[耐陰性] 弱～中　[葉] 夏緑
[草丈] ～約 30cm
葉は明るい黄色地に淡い緑色が散らばったような模様になり、秋まで観賞できる。全体的には明るく、黄色っぽく見える。5～7月頃に青紫色の花が咲く。

花

キミキフガ・ラケモサ 'ブルネット'
Cimicifuga racemosa 'Brunette'
[別名] カラスバ(烏葉)サラシナショウマ、キミキフガ 'ブルネット'
[原種の別名] アメリカショウマ
[原種の原産地] 北アメリカ　[耐寒目安] 北海道以南
[耐陰性] 中　[葉] 夏緑　[草丈] ～約 60cm
葉の全面と茎が濃い赤紫色になり、黒っぽく見える。ほぼ同じ葉色が秋まで継続する。8～10月頃に、芳香がするわずかにピンク色を帯びた白色の花が長い穂になって咲く。

クリスマスローズ *Helleborus*
[別名] ヘレボルス、ヘレボラス（属名の読み）
[原産地] ヨーロッパ地方　[耐寒目安] 北海道札幌市以南
[耐陰性] 中　[葉] 常緑　[草丈] ～約30cm

クリスマスローズ・ステルニー
Helleborus × *sternii*
葉はメタリックで、全面が一年中、灰青色を呈する。2～3月頃にやや紫色みを帯びた薄い緑色の花が咲く。ヨーロッパ地方原産の2種のヘレボルス（*Helleborus*）属の交雑による園芸品種。

クリスマスローズ・リビダス
Helleborus lividus
葉は全面が灰青緑色で、銀白色の葉脈が目立ち周年観賞できる。有茎種で、茎は灰色を帯びた紫色を呈する。2～3月頃に小豆色または緑色の花が咲く。

ケシ科

タイツリソウ [鯛釣り草] 'ゴールド・ハート'
Dicentra spectabilis 'Gold Heart'
[別名] ケマンソウ 'ゴールド・ハート'、オウゴンバ（黄金葉）タイツリソウ
[原種の原産地] 中国北部、朝鮮半島
[耐寒目安] 北海道札幌市以南　[耐陰性] 弱　[葉] 夏緑
[草丈] ～約35cm
葉がシャクヤクの葉のように分裂し、全面が黄色～黄金色になり秋まで観賞できる。4～6月頃にハート形でピンク色の花が、花茎からぶらさがって咲く。

サクラソウ科

リシマキア・キリアタ 'ファイヤー・クラッカー'
Lysimachia ciliata 'Fire Cracker'
[原種の別名] アメリカクサレダマ
[原種の原産地] 北アメリカ　[耐寒目安] 北海道以南
[耐陰性] 弱～中　[葉] 夏緑　[草丈] ～約1m
春は葉の全面が赤紫色～黒紫色を呈し、夏頃になると赤色みが薄れて緑色を帯びる。6～8月頃に、茎の上方の各葉腋から花柄が伸びて黄色の花が咲く。地下茎で繁茂する。

リシマキア・コンゲスティフロラ 'ミッドナイト・サン'
Lysimachia congestiflora 'Midnight Sun'
[別名] リシマキア 'ミッドナイト・サン'
[原種の原産地] 中国　[耐寒目安] 北海道函館市以南
[耐陰性] 弱～中　[葉] 常緑　[草丈] ～約10cm
小さな丸形の葉の全面が一年中黒色を帯びた茶色を呈し、葉脈が目立つ。地面を這うように広がるブロンズ色の葉を背景にして、5～7月頃に星形の黄色い花が一面に咲く。

リシマキア・ヌムラリア 'オーレア'
Lysimachia nummularia 'Aurea'
[原種の別名] リシマキア・ヌンムラリア（学名の別読み）、ヨウシュコナスビ
[原種の原産地] ヨーロッパ、南西アジア
[耐寒目安] 北海道函館市以南　[耐陰性] 弱　[葉] 常緑～半常緑
[草丈] ～約10cm
丸い葉の全面が一年中、明るい黄色～黄緑色で、気温が低下する秋以降は赤みを帯びる。原種は湿地に自生するが庭でも育ち、地面を這うように広がる。5～6月頃に黄色の花が咲く。

サトイモ科

セキショウ　*Acorus gramineus*
[原産地] 日本（本州〜九州）、東アジア　[耐寒目安] 宮城県以南　[耐陰性] 弱〜中　[葉] 常緑　[草丈] 〜約30cm

フイリセキショウ ［斑入りセキショウ］ 'Variegatus'
細長い葉の縦半分程度が緑色で、その他の面に白色〜乳白色の斑が生じて縦縞模様になる。原種は水湿地に自生する。
（APG分類ではショウブ科に移行）

オウゴンセキショウ ［黄金セキショウ］ 'Ogon'
一部に緑色の部分が縦に細く残るが、ほとんど全面が黄色になる。原種は水湿地に自生する。
（APG分類ではショウブ科に移行）

シソ科

アジュガ・レプタンス　*Ajuga reptans*
[別名] アジュガ、セイヨウキランソウ
[原産地] ヨーロッパ　[耐寒目安] 北海道以南
[耐陰性] 弱〜中　[葉] 常緑〜半常緑　[草丈] 〜約15cm

アジュガ・ピラミダリス 'メタリカ・クリスパ'
Ajuga pyramidalis 'Metallica Crispa'
[別名] アジュガ 'モコラ'
[原種の原産地] ヨーロッパ　[耐寒目安] 北海道以南
[耐陰性] 弱〜中　[葉] 常緑〜半常緑　[草丈] 〜約15cm
葉が細かく縮れてしわになり、濃い緑色とブロンズ色が混じり黒く見える。4〜5月頃に青紫色の花が咲く。匍匐茎が出ないので広がりにくい。

'ブラック・スカロップ'
'Black Scallop'
葉は広い丸形で、濃い赤紫色〜黒色になり黒光りする。4〜5月頃に青紫色の花が咲く。匍匐茎で広がる。

'マルチカラー'
'Multicolor'
[別名] 'レインボー'（'Rainbow'）
葉は中央部分が緑色で、周縁などに生じる斑が、夏はクリーム色や白色が目立ち、秋〜冬はピンク色や赤色が濃くなる。4〜5月頃に青紫色の花が咲く。匍匐茎で広がる。
●関連品種
'バーガンディ・グロー' 'Burgundy Glow'、'トリカラー' 'Tricolor'：いずれも 'マルチカラー' に類似しているので代用できる。

カリガネソウ 'スノー・フェアリー'
Caryopteris divaricata 'Snow Fairy'
[別名] フイリ（斑入り）カリガネソウ
[原種の別名] ホカケソウ
[原種の原産地] 日本（北海道〜九州）、東アジア
[耐寒目安] 北海道札幌市以南　[耐陰性] 中　[葉] 夏緑
[草丈] 〜約1m

葉の中央部分は緑色で、主に葉の周縁に白色〜乳白色やクリーム色の斑が不規則に広がる。秋などにややピンク色を帯びることがある。8〜9月頃に茎の上方の各節から花穂が出て、青紫色の花が咲く。

フイリカキドオシ　[斑入りカキドオシ]
Glechoma hederacea 'Variegata'
[別名] フイリ（斑入り）セイヨウカキドオシ
[原種の別名] グレコマ（属名の読み）、セイヨウカキドオシ
[原種の原産地] ヨーロッパ　[耐寒目安] 北海道以南
[耐陰性] 弱〜中　[葉] 常緑〜半常緑　[草丈] 〜約10cm

ヨーロッパ産のカキドオシの園芸種。葉の中央部分は明るい緑色で、周縁などに白色〜乳白色の斑が不規則に生じる。気温が低下する秋〜冬は斑入り部分がピンク色に染まる。葉に香りがある。4〜5月頃に淡紫色の花が咲く。茎は蔓状に長く伸びて繁茂する。

ラミウム・ガレオブドロン
Lamium galeobdolon
[原種の原産地] ヨーロッパ、西アジア
[耐寒目安] 北海道札幌市以南　[耐陰性] 弱〜中
[葉] 常緑〜半常緑　[草丈] 〜約25cm

葉は明るい緑色で、周縁などに銀白色の斑が不規則に生じる。通常、斑はあまり広がらない。茎が蔓状に伸びて繁茂する。5〜6月頃に黄色の花が咲く。

ラミウム・マクラツム　*Lamium maculatum*
[原産地] ヨーロッパ、西アジア　[耐寒目安] 北海道札幌市以南
[耐陰性] 弱〜中　[葉] 常緑〜半常緑　[草丈] 〜約25cm

'ゴールド・ラッシュ'
'Gold Rush'

葉の全面がライム色になるが、中央部のみ筋状に銀白色になる。茎が蔓状に伸びて繁茂する。5〜6月頃にピンク色の花が咲く。

'ビーコン・シルバー'
'Beacon Silver'

葉の中央部分が輝くような銀色〜銀灰色で、周縁に緑色の細い縁取りができる。茎が蔓状に伸びて繁茂する。5〜6月頃にピンク色の花が咲く。

'ピンク・パール'
'Pink Pearls'

緑色に囲まれるように、葉の中央部が細長く銀白色になる。茎が蔓状に伸びて繁茂する。5〜6月頃にピンク色の花が咲く。

パイナップルミント
Mentha suaveolens 'Variegata'
[別名] フイリ(斑入り)アップルミント
[原種の別名] マルバハッカ
[原種の原産地] 地中海沿岸〜ヨーロッパ
[耐寒目安] 北海道函館市以南　[耐陰性] 弱　[葉] 常緑〜半常緑
[草丈] 〜約40cm
葉は明るい緑色で、周縁に白色〜乳白色の斑が生じる。葉はパイナップルに似た香りがする。8〜9月頃に淡いピンク色〜白色の花が咲く。

ブルーキャットミント'ウォーカーズ・ロウ'
Nepeta × faassenii 'Walker's Low'
[原種の原産地] 北半球各地に自生するイヌハッカ属の種間交雑による園芸品種で、キャットミント(*Nepeta cataria*)とは別種
[耐寒目安] 北海道札幌市以南　[耐陰性] 弱　[葉] 常緑〜半常緑
[草丈] 〜約40cm
葉の全面が灰緑色〜灰白緑色で、初夏〜秋に淡青色の花が咲く。葉に香りがある。

オレガノ [オリガヌム] *Origanum*
[原産地] ヨーロッパ等原産のオリガヌム属の種間交雑等による園芸品種　[耐寒目安] 宮城県以南　[耐陰性] 弱　[葉] 常緑
[草丈] 〜約25cm

'ケント・ビューティー'
'Kent Beauty'
葉は全面が灰緑色で、6〜7月頃に茎の先端付近に重なって生じた苞葉が、淡いピンク色や淡緑色になる。ピンク色の花が苞葉の隙間から咲く。茎は細く、匍匐状に伸びる。ロツンディフォリウム(*rotundifolium*)種とスカブルム(*scabrum*)種の交雑による園芸品種。

'ネオン・ライト'
'Neon Light'
丸い葉に微毛が密生するので、全体が白っぽく見える。5〜9月頃に茎の先端付近に重なって生じた苞葉が、淡いピンク色や淡緑色になる。ピンク色の花が苞葉のすき間から咲く。丈は低く15cm程度で、こんもり茂る。オリガヌム・ディクタムヌス(*Origanum dictamnus*)の園芸品種と思われる。

シルバーセージ
Salvia argentea
[別名] ビロードアキギリ、シロクマ君
[原産地] 南ヨーロッパ
[耐寒目安] 北海道以南　[耐陰性] 弱　[葉] 常緑〜半常緑
[草丈] 〜約1m
葉は大形で、全体がふわふわした綿毛に覆われて銀白色になる。夏頃になるとやや緑色みを帯びる。初夏の頃に長い花茎が伸びて白色の花が咲く。夏季の暑さに弱く、短命になりやすい。

ジャーマンダーセージ
Salvia chamaedryoides
[原産地] メキシコ
[耐寒目安] 青森県以南　[耐陰性] 弱　[葉] 常緑～半常緑
[草丈] ～約45cm
葉は丸みを帯び、全面が灰緑色を呈する。5～11月頃に青色の花が咲く。

メキシカンセージ
Salvia leucantha
[別名] アメジストセージ、メキシカンブッシュセージ、ベルベットセージ
[原産地] 中央アメリカ　[耐寒目安] 関東南部以西　[耐陰性] 弱
[葉] 常緑～半常緑　[草丈] ～約1m
葉脈が目立つ長細い葉の全面が灰緑色を呈する。新しい茎は綿毛が密生して白色になる。10～12月頃に、白色～淡いピンク色の花が咲くが、萼が紫色なので全体として紫色の花に見える。

シナロアセージ
Salvia sinaloensis
[別名] サルビア'コスミックブルー'、コスミック・ブルーセージ
[原産地] メキシコ
[耐寒目安] 関東南部以西　[耐陰性] 弱　[葉] 半常緑～夏緑
[草丈] ～約20cm
葉はブロンズ色を帯び、気温が低下する秋頃から赤紫色が強くなる。茎も赤紫色になり葉とともに観賞できる。8～10月頃に濃い青色の花が咲く。

ラムズイヤー
Stachys byzantina
[別名] ワタチョロギ
[原産地] 小アジア～南西アジア　[耐寒目安] 北海道以南
[耐陰性] 弱　[葉] 常緑～半常緑　[草丈] ～約60cm
微香がする卵形状の葉や茎に灰白色の綿毛が密生するため、全体が銀白色に見える。ラムズイヤー（子羊の耳）は、ふわふわした葉の感触と形による。5～7月頃に長めの花茎を出して、その先端から付近の節にかけて赤紫色の花が咲く。

スミレ科

ビオラ・ラブラドリカ
Viola labradorica = *Viola labradorica* 'Purpurea'
[別名] クロバ（黒葉）スミレ、ビオラ・ラブラドリカ'プルプレア'（学名の読み）
[原種の原産地] 北アメリカ、カナダ　[耐寒目安] 北海道以南
[耐陰性] 弱～中　[葉] 常緑～半常緑　[草丈] ～約20cm
葉は全面が紫色を帯びた黒っぽい緑色を呈する。気温が低下する秋～冬は、葉色がより濃くなる。10月から翌年5月頃にかけて薄紫色の花が長く咲く。

セリ科

フイリイワミツバ ［斑入りイワミツバ］

Aegopodium podagraria 'Variegatum'
[原種の別名] エゴポディウム、アエゴポディウム（属名の読み）
[原種の原産地] 北ヨーロッパ〜シベリア　[耐寒目安] 北海道以南
[耐陰性] 中　[葉] 夏緑　[草丈] 〜約40㎝
葉（小葉）の中央部分は緑色で、主にその周縁に白色〜淡いクリーム色の斑が生じる。繁殖力がきわめて強く、地下茎が伸びて周囲に広がる。6〜8月頃に花茎が伸びてレースフラワー状の白色の花が咲く。

エリンギウム・アルピナム

Eryngium alpinum
[別名] エリンジウム（属名の別読み）、ミヤマヒゴタイサイコ
[原産地] ヨーロッパ（高山）　[耐寒目安] 北海道以南
[耐陰性] 弱　[葉] 半常緑〜夏緑　[草丈] 〜約1m
6〜8月頃に茎の先から出た花茎に青紫色の楕円形の花序をつける。茎および花序の下に輪生する羽根のように広がるメタリックな苞や葉が青紫色〜灰青紫色になる。高温多湿に弱い。

ブロンズフェンネル

Foeniculum vulgare 'Purpureum'　[＝'Rubrum']
[原種の別名] ウイキョウ
[原種の原産地] 南ヨーロッパ　[耐寒目安] 青森県以南
[耐陰性] 弱　[葉] 夏緑　[草丈] 〜約1.5m
羽毛状の葉や茎が紫色を帯びたブロンズ色で、煙のように見える。紫色は春に濃く、徐々に薄れて夏以降は緑色を帯びる。8〜10月頃に長い花茎の先に黄色の小花が杯状に群れて咲く。香りがあり料理に使える。

ムラサキミツバ

Cryptotaenia japonica 'Atropurpurea'
[別名] クロ（黒）ミツバ、アカバミツバ
[原種の原産地] 北海道〜九州　[耐寒目安] 北海道以南
[耐陰性] 中　[葉] 夏緑　[草丈] 〜約25㎝
葉の全面や茎が濃い紫色〜赤紫色になる。6〜7月頃に長い花茎が伸びて白色の花が咲く。香りがあり、料理に使える。

マツカサアザミ'ブルー・グリッター'

Eryngium planum 'Blue Glitter'
[原種の別名] エリンギウム（エリンジウム）・プラナム（学名の読み）、マルバノヒゴタイサイコ
[原種の原産地] ヨーロッパ〜中央アジア
[耐寒目安] 北海道札幌市以南　[耐陰性] 弱　[葉] 半常緑〜夏緑
[草丈] 〜約80㎝
6〜8月頃に花茎の先に青紫色の丸い花序をつける。茎に輪生する葉および花序の下に輪生する尖った葉のようなメタリックな苞が青紫色〜灰青紫色になる。高温多湿に弱い。

セリ'フラミンゴ'

Oenanthe javanica 'Flamingo'
[別名] ゴシキバ（五色葉）ゼリ
[原種の原産地] 北海道〜沖縄　[耐寒目安] 北海道以南
[耐陰性] 弱〜中　[葉] 半常緑〜夏緑　[草丈] 〜約25㎝
葉（小葉）の中央部分は明るい緑色で、主に葉縁にピンク色や乳白色の斑が生じる。夏は主に乳白色の斑になり、ピンク色は春と秋の低温期に強く発色する。地下茎が伸びて繁茂する。

タデ科

'シルバー・ドラゴン'

'レッド・ドラゴン'

ペルシカリア・ミクロケファラ 'レッド・ドラゴン'
Persicaria microcephala 'Red Dragon'
[原種の原産地] ヒマラヤ地方
[耐寒目安] 北海道札幌市以南　[耐陰性] 弱～中　[葉] 夏緑
[草丈] ～約25㎝
葉は中央部分が濃い赤茶色～赤紫色で、これを囲むように銀白色の斑がV字形に生じ、その外側は淡い赤茶色～くすんだ青緑色になる。茎が横に長く伸びて茂る。5～11月頃に白色の小花が咲く。
●関連品種
'シルバー・ドラゴン' 'Silver Dragon'：本品種はV字形の斑がほとんどなく、葉の中央部に灰緑色や黄白色の大きな斑が広がる。

アカスジソレル [赤筋ソレル]
Rumex sanguineus var. *sanguineus*
[別名] ルメックス（属名の読み）、ブラッディドック、ブラッディソレル
[原産地] ヨーロッパ、南西アジア　[耐寒目安] 北海道以南
[耐陰性] 弱　[葉] 夏緑　[草丈] ～約40㎝
日本に自生するギシギシの仲間で、緑色の葉の葉脈に沿って濃い赤色の筋が生じて目立つ。酸味があり、サラダなどに利用できる。

ツユクサ科

ムラサキゴテン [紫御殿]
Tradescantia pallida 'Purpurea'
[別名] トラデスカンティア・パリダ 'プルプレア'（学名の読み）
[原種の原産地] メキシコ　[耐寒目安] 関東南部以西
[耐陰性] 弱～中　[葉] 常緑～半常緑　[草丈] ～約20㎝
葉の全面や茎が濃い紫色になり、一年中、ほぼ同じ葉色を維持する。茎が横に伸びて広がる。7～8月頃にピンク色の花が咲く。

トラデスカンティア・アンダーソニアナ 'スイート・ケイト'
Tradescantia × *andersoniana* 'Sweet Kate'
[品種名の別名] 'ブルー・アンド・ゴールド'（'Blue and Gold'）
[原種の原産地] 北アメリカ原産のムラサキツユクサやオオムラサキツユクサなどの交雑による園芸品種　[耐寒目安] 北海道以南
[耐陰性] 弱　[葉] 夏緑～半常緑　[草丈] ～約50㎝
葉は細長くて柔らかく、全面が黄金色～黄色を呈し、春～秋まで観賞できる。夏～秋にかけて、青色で直径4㎝前後の大きな一日花が次々と咲く。

トウダイグサ科

ユーフォルビア　*Euphorbia*

[原産地] ヨーロッパ、地中海沿岸等　[耐寒目安] 北海道札幌市以南　[耐陰性] 弱　[葉] 常緑～半常緑
[草丈] ～約１ｍ（種類により異なる）

ユーフォルビア・アミグダロイデス'プルプレア'
Euphorbia amygdaloides 'Purpurea'
葉は細長く先が尖らない。新葉は全面が暗赤紫色で、夏に向けてやや緑色みを帯びてくる。秋になると紅葉して赤紫色になる。初夏の頃に黄緑色の苞が生じる。草丈は約40㎝。
●関連種
ユーフォルビア・マルティニー'ブラック・バード'　*Euphorbia x martinii* 'Black Bird'：葉は濃い赤紫色で黒っぽく見える。茎も赤い。春頃に黄緑色の苞が生じる。草丈は約40㎝。

ユーフォルビア・カラキアス'シルバー・スワン'
Euphorbia characias 'Silver Swan'
葉は細長く先が尖る。灰緑色～灰青緑色の葉の周縁に白色～乳白色の斑が生じる。初夏の頃に葉と同様の斑入りになった苞が生じる。草丈は約１ｍ。
●関連種
ユーフォルビア・カラキアス・ウルフェニー（*Euphorbia characias ssp. wulfenii*）：葉は細長く先が尖る。一年中灰緑色～灰青緑色を呈する。初夏～夏にかけて黄色～黄緑色の苞が生じる。草丈は約１ｍ。

ユーフォルビア・リギダ
Euphorbia rigida
葉はやや短くて先が鋭く尖り、一年中灰緑色～灰青緑色を呈する。秋になると紅葉して葉先などが赤色みを帯びる。春頃に黄緑色の苞が生じる。草丈は約40㎝。

花

ドクダミ科

ゴシキドクダミ［五色ドクダミ］

Houttuynia cordata 'Variegata'
[別名] ドクダミ'カメレオン'（'Chameleon'）
[原種の別名] ジュウヤク（十薬）
[原種の原産地] 日本（本州以南）、台湾、中国、東南アジア
[耐寒目安] 北海道以南　[耐陰性] 弱～中　[葉] 夏緑
[草丈] ～約25㎝
葉にピンク色や黄緑色の斑が生じて、濃い緑色と合わせて不規則な模様になる。秋の低温期は斑入り部分を中心にピンク色を帯びる。5～7月頃に白色の花弁のように見える苞を開く。

ナデシコ科

シロミミナグサ
Cerastium tomentosum
[別名] ナツユキソウ、セラスチウム（属名の読み）
[原産地] 南ヨーロッパ　[耐寒目安] 北海道以南　[耐陰性] 弱
[葉] 常緑〜半常緑　[草丈] 〜約15㎝
茎葉に白毛が密生し、株全体が一年中銀灰色を呈する。茎が地面を這ってマット状に広がり、5〜6月頃に白色の花を一面に開花する。夏期の気温が高いと衰弱する。

ダイアンサス'ライオン・ロック'
Dianthus 'Lion Rock'
[別名] ナデシコ'ライオン・ロック'
[原産地] ヨーロッパ〜シベリア原産のタツタナデシコを基にした園芸品種　[耐寒目安] 北海道以南　[耐陰性] 弱　[葉] 常緑
[草丈] 〜約20㎝
葉は一年中灰青緑色で、基本は、5〜6月頃に中心部に斑紋があるピンク色の花を多数開花する。赤花の系統もある。株がカーペット状に広がる。
●関連品種
ダイアンサス'ブルー・ヒルズ''Blue Hills'：葉色は同じで、花が淡紅紫色。

ネギ科

ツルバギア・ビオラセア'シルバー・レース'
Tulbaghia violacea 'Silver Lace'
[別名] ツルバギア'シルバー・レース'（属名・品種名の読み）
[原種の別名] ルリフタモジ（瑠璃二文字）、スイートガーリック
[原種の原産地] 南アフリカ　[耐寒目安] 宮城県以南
[耐陰性] 弱　[葉] 半常緑〜常緑　[草丈] 〜約30㎝
灰緑色の細い葉に白色斑が生じて縦縞模様になる。全体的には白っぽく見える。6〜9月頃にかけてピンク色の花が長く咲く。茎葉にニンニクに似た臭いがある。

ハナシノブ科

フロックス・ディバリカタ'モントローズ・トリカラー'
Phlox divaricata 'Montrose Tricolor'
[別名] シュッコン（宿根）フロックス'モントローズ・トリカラー'
[原種の別名] ハイセイ（性）フロックス
[原種の原産地] 北アメリカ　[耐寒目安] 北海道以南
[耐陰性] 弱　[葉] 常緑〜半常緑　[草丈] 〜約10㎝
葉の中央部分は緑色で、周縁に白色〜クリーム色の斑が生じる。秋〜冬の低温期は斑入り部分を中心にして葉がピンク色になる。5〜7月頃に淡青色の花が咲く。茎が地面を這うように生育する。

フロックス・パニキュラタ 'ダーウィンズ・ジョイス'
Phlox paniculata 'Darwin's Joyce'
[原種の別名] クサキョウチクトウ、オイランソウ
[原産地] 北アメリカ東部　[耐寒目安] 北海道以南
[耐陰性] 弱　[葉] 夏緑　[草丈] 〜約1.3m
葉の中央部分は緑色で、周縁に白色〜クリーム色の斑が広く生じる。春〜初夏に、ピンク色地に中心が濃いピンク色をした花が咲く。

シバザクラ 'ネトルトン・バリエーション'
Phlox subulata 'Nettleton Variation'
[別名] フイリ（斑入り）シバザクラ
[原種の別名] モスフロックス
[原種の原産地] 北アメリカ西南部　[耐寒目安] 北海道以南
[耐陰性] 弱　[葉] 半常緑〜常緑　[草丈] 〜約10㎝
葉の中央部分が緑色で、周縁に白色〜乳白色の斑が生じ、全体的に明るく見える。秋〜冬は、斑入り部分がピンク色に染まる。4〜5月頃に濃いピンク色の花が咲く。茎が地面を這って広がる。
●関連品種
'モネ' 'Mone'：全体が酷似しているので代用できる。

バラ科

アルケミラ・モリス
Alchemilla mollis
[別名] レディース・マントル、セイヨウハゴロモグサ
[原産地] ヨーロッパ〜小アジア　[耐寒目安] 北海道以南
[耐陰性] 弱〜中　[葉] 半常緑〜夏緑　[草丈] 〜約25㎝
葉は光の当たり具合により灰緑色〜柔らかい黄緑色に見える。葉面に軟毛が密生するため朝露や雨で水玉ができて光る。5〜7月頃に緑黄色の花が群れて咲く。

チシオシモツケソウ
Filipendula multijuga var. *ciliata*
[別名] チシオシモツケ
[原産地] 北関東（三国山）　[耐寒目安] 北海道以南
[耐陰性] 弱〜中　[葉] 夏緑　[草丈] 〜約40㎝
葉は5裂程度に深く切れ込む。葉脈に沿って赤色の斑が生じ、秋まで観賞できる。7〜8月頃に濃いピンク色の花が房状に咲く。アカバナシモツケのひとつの野生タイプとされる。

メドウスイート 'オーレア'
Filipendula ulmaria 'Aurea'
[別名] フィリペンデュラ・ウルマリア 'オーレア'（学名の読み）
[原種の別名] セイヨウナツユキソウ
[原種の原産地] ヨーロッパ、アジア西部　[耐寒目安] 北海道以南
[耐陰性] 弱　[葉] 夏緑　[草丈] 〜約35㎝
新葉は全面が黄色で、夏に向けてやや黄色みがあせるが、秋まで観賞できる。6〜7月頃に白色の花が房状に咲く。葉に芳香がある。

フウロソウ科

フウロソウ［ゲラニウム］'ホーカス・ポーカス'
Geranium 'Hocus Pocus'
[原種の原産地] ユーラシアなどに自生するゲラニウム属の種間交雑等による園芸品種が多くある　[耐寒目安] 北海道以南　[耐陰性] 弱　[葉] 半常緑～夏緑　[草丈] ～約25cm
葉は青色みを帯びたブロンズ色で、初夏～夏に青紫色で中心が白い花が咲く。ヨーロッパ～アジア（日本除く）原産のプラテンセ種（*Geranium pratense*）の園芸品種。

●関連品種
'エスプレッソ' 'Espresso'：葉は濃い赤銅色で、晩春から初夏に淡いピンクの花が咲く。北アメリカ原産のマキュラツム種（*Geranium maculatum*）の園芸品種。
'シルバー・シャドー' 'Silver Shadow'：葉は細かく切れ込み、銀灰色を帯びる。晩春から初夏にピンク色の花が咲く。種間交雑種。
'ダーク・レイター' 'Dark Reiter'：葉は濃いブロンズ色で、晩春から初夏に青色の花が咲く。ヨーロッパ～アジア（日本除く）原産のプラテンセ種（*Geranium pratense*）の園芸品種。
'ブラック・ビューティー' 'Black Beauty'：葉は暗紫色～黒紫色で黒っぽく、初夏～夏に青色で大形の花が咲く。ヨーロッパ～アジア（日本除く）原産のプラテンセ種（*Geranium pratense*）の園芸品種。

モミジバゼラニウム
Pelargonium × *hortorum* 'Vancouver Centennial'
[原種の原産地] 南アフリカなど原産のペラルゴニウム属の種間交雑による園芸品種
[耐寒目安] 四国以西　[耐陰性] 弱　[葉] 常緑
[草丈] ～約35cm
葉の形や紅葉したような葉色を樹木のモミジ類になぞらえたもので、中心部分は暗赤色で周縁が黄緑色になる。春～秋にオレンジ色かピンク色の花が咲く。暖地以外では一年草として扱う。

ベンケイソウ科

セダム・アルブム'コーラル・カーペット'
Sedum album 'Coral Carpet'
[別名] セダム'コーラル・カーペット'
[原種の原産地] ヨーロッパ、西・北アジア
[耐寒目安] 北海道以南　[耐陰性] 弱　[葉] 常緑
[草丈] ～約5cm
葉は、秋～冬の低温期になると赤褐色～赤紫色に変色する。夏の高温期は緑色になる。葉は米粒状で、茎が地面に緻密に広がってマット状になる。初夏の頃に白色の花が咲く。

カラスバミセバヤ［烏葉ミセバヤ］
Hylotelephium × *cauticolum* 'Bertram Anderson'
[別名] クロバ(黒葉)ミセバヤ、ドウバ(銅葉)ミセバヤ、セダム'バートラム・アンダーソン'（*Sedum* × *cauticolum* 'Bertram Anderson'）
[原種の原産地] 北海道に自生するヒダカミセバヤを基にした種間交雑による園芸品種とされる　[耐寒目安] 北海道以南
[耐陰性] 弱　[葉] 常緑　[草丈] ～約15cm
茎葉は黒みを帯びた濃い紫色で、秋～冬の低温期ほど葉色が濃くなり、周年観賞できる。9～10月頃に濃いピンク色の花が咲く。茎は斜上した後、横に伸びる。

●関連品種
'ルビー・グロー' *Hylotelephium* × *cauticolum* 'Ruby Glow'
[別名] セダム'ルビー・グロー'：葉色他がカラスバミセバヤに酷似しているので代用できる。

オウゴンマルバマンネングサ［黄金丸葉マンネングサ］

Sedum makinoi 'Ogon' [= 'Aurea']
[原種の原産地] 日本（本州～九州）、中国
[耐寒目安] 北海道札幌市以南　[耐陰性] 弱　[葉] 常緑
[草丈] ～約10㎝
茎に密に着く丸形の葉が、一年中黄金色～黄色になる。5～6月頃に黄色の花が咲く。茎は横に広がる。

ウンゼンマンネングサ

Sedum polytrichoides
[原産地] 中国地方、九州　[耐寒目安] 福島県以南　[耐陰性] 弱
[葉] 常緑　[草丈] ～約10㎝
葉は偏平な線状でやや赤褐色を帯びることが多い。茎は赤色みを帯びて直立するが、カーペット状に広がる。6～7月頃に黄色の花が咲く。

シラユキミセバヤ［白雪ミセバヤ］

Sedum spathulifolium ssp. *pruinosum* 'Cape Blanco'
[別名] セダム　'ケープ・ブランコ'（属名・品種名の読み）
[原種の原産地] アメリカ（オレゴン州）
[耐寒目安] 北海道札幌市以南　[耐陰性] 弱　[葉] 常緑
[草丈] ～約10㎝
八重の花弁のように生じる小さい葉が、一年中白色を呈する。ランナーなどで周囲に広がりながら増える。5～6月頃に黄色の小花が咲く。

コーカサスキリンソウ'トリカラー'

Sedum spurium 'Tricolor'
[別名] セダム・スプリウム'トリカラー'（学名の読み）
[原種の原産地] コーカサス地方　[耐寒目安] 北海道以南
[耐陰性] 弱　[葉] 常緑～半常緑　[草丈] ～約10㎝
葉は小さく、中央部分が緑色で周縁にピンク色～白色やクリーム色の斑が生じる。低温期ほどピンク色が強く発色し、冬は全面が赤紫色になり、周年観賞できる。7～8月頃にピンク色の花が咲く。茎は地面を這って広がる。

マメ科

ロータス・クレティクス

Lotus creticus
[原産地] 地中海沿岸　[耐寒目安] 関東以西　[耐陰性] 弱
[葉] 常緑　[草丈] ～約30㎝
銀白色の葉は托葉を含めて5裂し、茎も白くなるので株全体が銀白色に輝き、周年観賞できる。5～6月頃に黄色の花が咲く。茎は横に広がるように伸びる。

クローバー Trifolium

[原産地] ヨーロッパ原産のシロツメクサ（Trifolium repens）とその変種や品種を基にした葉色に変化のある多くの園芸品種がある　[耐寒目安] 宮城県以南　[耐陰性] 弱　[葉] 常緑　[草丈] ～約10cm

●園芸品種例
'ティント・ヴェール' 'Tint Veil'：中心が緑色で周縁が白っぽい濃淡模様。
'ティント・ガーネット' 'Tint Garnet'：ワインレッド地で周縁が緑色。
'ティント・セピア' 'Tint Sepia'：中央部分がエンジ色で周縁が薄い緑色。
'ティント・ワイン' 'Tint Wine'：葉面のほとんどがワインレッド色。

'ティント・ワイン'

'ティント・ヴェール'

ユキノシタ科

ヒューケラ Heuchera

[別名] ツボサンゴ（属）／ホイヘラ、ヘウケラ（属名の読み）
[原産地] 北アメリカに自生するヒューケラ（ツボサンゴ）属の種間交雑等による園芸品種が多数ある
[耐寒目安] 北海道以南　[耐陰性] 弱～中　[葉] 常緑～半常緑
[草丈] 約25cm

'ファンタンゴ'

'キャラメル'
'Caramel'
葉の切れ込みが浅く、新葉時はオレンジ色が強いが夏に向けて橙黄色になり、秋にはやや褐色になる。葉裏は赤紫色を呈する。初夏～夏に白色の花が咲く。
●関連品種
'パレス・パープル' 'Palace Purple'：やや切れ込んだ艶のある葉は全面が赤紫色で、夏から秋にブロンズを帯びた緑色を呈する。初夏～夏に白色の花が咲く。

'ファイヤー・チーフ'
'Fire Chief'
やや切れ込んだ艶のある葉は全面がワインレッドで、秋頃はブロンズ色を呈する。初夏～夏にピンク色～白色の花が咲く。
●関連品種
'ファンタンゴ' 'Fandango'：葉は全面が赤紫色で銀色を帯び、やや深く切れ込む。初夏～夏にピンク色の花が咲く。

'レーブ・オン'
'Rave On'

葉は銀緑色で、切れ込みがほとんどなく丸みを帯びる。葉脈は暗紫色で、その周辺が紫色から緑色へのグラデーションのようになる。初夏〜夏にピンク色の花が咲く。
●関連品種
'オブシディアン' 'Obsidian'：葉は艶があり全面が黒紫色で、切れ込みは浅く裂片の先が丸い。初夏〜夏にアイボリーの花が咲く。

ティアレラ　*Tiarella*

[別名] ズダヤクシュ（属）
[原産地] 北アメリカ東部や東アジアに自生するティアレラ（ズダヤクシュ）属の種間交雑等による園芸品種が多数ある
[耐寒目安] 北海道以南　[耐陰性] 弱〜中　[葉] 常緑〜半常緑
[草丈] 〜約25㎝

'ミスティック・ミスト'

'ミスティック・ミスト'
'Mystic Mist'

浅く切れ込んだモスグリーンの葉にミスト状に白色斑が散らばり、切れ込みごとの葉脈部分にワインレッドの斑が生じる。秋に葉の全面がピンク色になる。初夏〜夏に白色の花が咲く。
●関連品種
'シュガー・アンド・スパイス' 'Sugar and Spice'：カエデ状の葉の周縁は緑色で、その内側には葉の切れ込みの形にダークブラウンの斑が生じる。初夏〜夏に白色〜淡いピンク色の花が咲く。
'ピンク・スカイロケット' 'Pink Skyrocket'：艶がある葉のほぼ全面が緑色で、カエデ状の切れ込みごとの葉脈部分にワインレッドの斑が流れるように生じる。初夏〜夏にピンク色の花が咲く。

'シュガー・アンド・スパイス'

ヒューケレラ　× *Heucherella*

[原産地] 北アメリカに自生するヒューケラ（*Heuchera* ＝ツボサンゴ）属とティアレラ（*Tiarella* ＝ズダヤクシュ）属の属間交雑種で多くの園芸品種がある　[耐寒目安] 北海道以南
[耐陰性] 弱〜中　[葉] 常緑〜半常緑　[草丈] 〜約25㎝

'スイート・ティー' 'Sweet Tea'

葉はやや大形でカエデ状に切れ込み、春はシナモン色で夏は茶色みの暗色になり、秋にはオレンジ色が発色する。葉の裂片ごとの葉脈部分にチョコレート色の斑が生じる。初夏〜夏に白色の花が咲く。
●関連品種
'タペストリー' 'Tapestry'：葉は切れ込みが深く、葉脈部分が赤くなり、それ以外の面は緑色〜黄緑色になる。

カラーリーフプランツ図鑑索引

【ア行】

アイビー…60
アエゴポディウム…121
アオイ科…58
アオキ'サルフレア・マルギナータ'…89
アオキ'サルフレア・マルギナタ'…89
アオキ'ピクチュラータ'…89
アオキ'ピクチュラタ'…89
アオノリュウゼツラン…112
アカザ科…58
アカシア…84
アカスジソレル…122
アカネ科…58
アカバザクラ…79
アカバナ科…103
アカバナトキワマンサク'バーガンディー'…88
アカバミツバ…121
アガベ・フィリフェラ'バリエガタ'…112
アカホ(赤穂)チカラシバ…106
アケボノスギ…96
アサギリソウ…109
アサギリソウ'ゴールド・カーペット'…109
アジサイ'オウゴンバ'…59
アジサイ科…59
アジュガ・ピラミダリス'メタリカ・クリスパ'…117
アジュガ'モコラ'…117
アジュガ・レプタンス'トリカラー'…117
アジュガ・レプタンス'バーガンディ・グロー'…117
アジュガ・レプタンス'マルチカラー'…117
アジュガ・レプタンス'レインボー'…117
アジュガ・レプタンス'ブラック・スカロップ'…117
アセビ'フレーミング・シルバー'…75
アトラスシーダー'グラウカ'…101
アトラスシーダー'グラウカ・ペンデュラ'…101
アトラスシダー…101
アトラススギ…101
アブラナ科…103
アフリカンデージー…111
アベリア・グランディフロラ…72
アベリア'コンフェッティ'…72
アベリア'サンライズ'…72
アベリア'ジャックポット'…72
アベリア'フランシス・メイソン'…72
アメジストセージ…120
アメリカイワナンテン'トリカラー'…74
アメリカイワナンテン'レインボー'…74
アメリカクサレダマ…116
アメリカシバ…106
アメリカツルマサキ'エメラルド・ガイティ'…76
アメリカツルマサキ'エメラルド・ゴールド'…76
アメリカツルマサキ'ハーレークイーン'…77
アメリカツルマサキ'ハーレクイン'…77
アメリカテマリシモツケ'ダーツ・ゴールド'…79
アメリカテマリシモツケ'ディアボロ'…79
アメリカテマリシモツケ'ルテウス'…79
アメリカハイビャクシン'マザー・ローデ'…98
アメリカハナズオウ'シルバー・クラウド'…86
アメリカハナズオウ'ハート・オブ・ゴールド'…86
アメリカハナズオウ'フォレスト・パンシー'…86
アメリカハナズオウ'ルビー・フォールズ'…86
アメリカハリモミ…102
アメリカフウ'シルバー・キング'…87
アメリカフウ'ナリー'…87
アメリカヤマボウシ…90
アヤメ科…103
アリゾナイトスギ'サルフレア'…97
アリゾナイトスギ'ブルー・アイス'…97
アルケミラ・モリス…125
アルテミシア…109
アルプスモミ'アリゾニカ・コンパクタ'…100
アルプスモミ'コンパクタ'…100
イギリスナラ'コンコルディア'…83
イタリアカサマツ…102
イタリアンサイプレス'スワンズ・ゴールデン'…98
イチイ科…96
イトラン'ガーランド・ゴールド'…112
イヌコリヤナギ'ハクロニシキ'…95
イヌシバ…106
イヌツゲ'キフジン'…94
イヌツゲ'ゴールデン・ジェム'…94
イネ科…104
イレックス・アテヌアタ'サニー・フォスター'…94
イレックス・アルタクレレンシス'ゴールデン・キング'…95
イロハカエデ…64
イロハモミジ'カツラ'…64
イロハモミジ'コチョウノマイ'…64
イロハモミジ'チシオ'…64
インカノカタバミ…107
イングリッシュアイビー…60
イングリッシュラベンダー…70
ウイキョウ…121
ウコギ科…60
ウシノケグサ…104
ウラジロハコヤナギ…95
ウラハグサ…105
ウルシ科…61
ウンゼンマンネングサ…127
エゴポディウム…121
エリシマ'コッツウォルド・ジェム'…103
エリシマ'ボーレス・ムーブ'…103
エリンギウム・アルピナム…121
エリンギウム・プラナム…121
エリンジウム…121
エリンジウム・プラナム…121
エルサレムセージ…70
オイランソウ…125
オウゴン(黄金)イタヤ…65
オウゴン(黄金)イトヒバ…97
オウゴン(黄金)イボタノキ…93
オウゴン(黄金)ガシワ…83
オウゴン(黄金)カズラ…67
オウゴン(黄金)キャラボク…96
オウゴン(黄金)クジャクヒバ…96
オウゴン(黄金)ケヤキ…78
オウゴン(黄金)コデマリ…79
オウゴン(黄金)コノテガシワ…99
オウゴン(黄金)ザサ…106
オウゴン(黄金)シモツケ…80
オウゴン(黄金)セキショウ…117
オウゴン(黄金)チャボヒバ…96
オウゴンバ(黄金葉)アカシア…86
オウゴンバ(黄金葉)アジサイ…59
オウゴンバ(黄金葉)タイツリソウ…116
オウゴンバ(黄金葉)ヤマアジサイ…59
オウゴン(黄金)ヒイラギ…93
オウゴン(黄金)ヒヨクヒバ…97
オウゴン(黄金)フウチソウ…105
オウゴン(黄金)マサキ…77
オウゴン(黄金)マルバマンネングサ…127
オウゴン(黄金)メギ…91
オウゴン(黄金)モチ…94

オウゴン（黄金）ヤマアジサイ…59
オウシュウナラ…83
オウシュウブナ…83
オオイタビ'サニー・ホワイト'…68
オオタニウツギ…73
オオバイボタ'オーレアム'…93
オオバイボタ
　'レモン・アンド・ライム'…93
オオバコ科…107
オオバジャノヒゲ'コクリュウ'…114
オオベニウツギ'アレキサンドラ'…73
オオベニウツギ'オリンピアード'…73
オオベニウツギ'バリエガタ'…73
オオベニウツギ
　'ブライアント・ルビドール'…73
オオベニウツギ
　'ワイン・アンド・ローズ'…73
オオモミジ'ショウジョウノムラ'…62
オキザリス'ムラサキノマイ'…107
オキザリス・レグネリー
　'トリアングラリス'…107
オステオスペルマム
　'ザイール・バリエガタ'…111
オトギリソウ科…61
オリガヌム…119
オレガノ'ケント・ビューティー'…119
オレガノ'ネオン・ライト'…119

【カ行】
ガーデンセージ…71
ガーデンタイム…71
ガーデンダリア
　'ミッドナイト・ムーン'…109
ガウラ…103
カエデ科…62
ガクアジサイ'マキュラタ'…59
ガクアジサイ'レモン・ウェーブ'…59
カサ（傘）マツ…102
カザニア'シルバー・カーペット'…110
カザニア'シルバー・タレント'…110
カザニア'タレント'…110
カシワバアジサイ
　'リトル・ハニー'…59
カスミノキ（霞の木）…61
カタバミ科…107
カツラ科…65
カツラ'レッド・フォックス'…65
カナダスオウ…86
カバノキ科…65
カムロザサ…106
カヤ…105
カヤツリグサ科…107
カラスバ（烏葉）オキザリス…107
カラスバ（烏葉）サラシナショウマ…115
カラスバ（烏葉）ミセバヤ…126
カラタニウツギ…73
カリオプテリス・クランドネンシス
　'ウォースター・ゴールド'…69
カリオプテリス・クランドネンシス
　'サマー・ソルベット'…69

カリガネソウ
　'スノー・フェアリー'…118
カルーナ…74
カルナ'ゴールド・ヘイズ'…74
カルナ'サンライズ'…74
カルナ'シルバー・ローズ'…74
カレックス'エバーゴールド'…108
カレックス'ジェネキー'…107
カレックス'シルバー・セプター'…108
カレックス・トゥリフィダ
　'レコフ・サンライズ'…108
カレックス・ブキャナニー…108
カンスゲ'シルバー・セプター'…108
カンナ科…109
カンナ'ベンガル・タイガー'…109
キキョウ科…109
キク科（広葉樹類）…66
キク科（多年草類）…109
キジカクシ科（広葉樹類）…66
キジカクシ科（多年草類）…112
キスゲ科…114
キチジソウ…74
キバナキセワタ…70
キフクリン（黄覆輪）マサキ…77
キフ（黄斑）スイカズラ…72
ギボウシ…112〜113
キミキフガ・ラケモサ
　'ブルネット'…115
キョウチクトウ科…67
ギョリュウモドキ…74
キンウラハグサ…105
キンカクレ（金隠れ）…65
キン（金）キャラ…96
キンギョソウ
　'ブロンズ・ドラゴン'…107
キンギンカ…72
ギンシンソウ（銀針草）…104
ギンドロ…95
ギンドロ'ラケット'…95
ギンドロ'リチャーディー'…95
ギンバイカ…81
キンバ（金葉）コデマリ…79
キンポウゲ科…115
キン（金）マサキ…77
ギン（銀）マサキ…77
キンメ（金芽）キャラボク…96
ギンヨウ（銀葉）アカシア…84
ギンヨウ（銀葉）アカシア
　'オーレア'…84
ギンヨウ（銀葉）アカシア
　'プルプレア'…84
ギンヨウ（銀葉）コトネアスター…78
クサキョウチクトウ…125
クサスギカズラ科（広葉樹類）…66
クサスギカズラ科（多年草類）…112
クッションブッシュ…66
グミ・エビンゲイ
　'ギルト・エッジ'…68
グミ・エビンゲイ
　'コースタル・ゴールド'…68

グミ・エビンゲイ'ライムライト'…68
グミ科…68
クリスタルグラス…108
クリスマスローズ・ステルニー…116
クリスマスローズ・リビダス…116
グレコマ…118
クレハ（紅葉）デマリ…79
クロウエア…88
クロ（黒）ミツバ…121
クローバー'ティント・ヴェール'…128
クローバー
　'ティント・ガーネット'…128
クローバー'ティント・セピア'…128
クローバー'ティント・ワイン'…128
クロバ（黒葉）スミレ…120
クロバ（黒葉）ミセバヤ…126
クワ科…68
ケイランサス…103
ケシ科…116
ケマンソウ'ゴールド・ハート'…116
ケヤキ'オウゴン'…78
ケヤキ'バリエガタ'…78
ゲラニウム…126
ケンタウレア・シネラリア…111
コーカサスキリンソウ
　'トリカラー'…127
ゴールデン・クイーンタイム…71
ゴールデンハニーサックル…72
ゴールデン・レモンタイム…71
ゴールデンセージ…71
コキア・ダイヤモンドダスト…58
コゴメスゲ'ジェネキー'…107
コゴメナキリスゲ…107
ゴシキ（五色）ドクダミ…123
ゴシキバ（五色葉）ゼリ…121
ゴシキ（五色）ヒイラギ…93
ゴシキ（五色）ヤナギ…95
コスミック・ブルーセージ…120
コットンブッシュ…58
コデマリ'ピンク・アイス'…80
コトネアスター・グラウコフィラス…78
コノテガシワ'エレガンティシマ'…99
コノテガシワ'センパオーレア'…99
コブカエデ'カーニバル'…62
コプロスマ・キルキー'バリエガタ'…58
コプロスマ・レペンス'コーヒー'…58
コプロスマ・レペンス
　'夕焼け小焼け'…58
ゴマノハグサ科…68
コミノネズミモチ…93
コモンセージ…71
コモンタイム…71
コルジリネ…66
コルディリネ…66
コロニラ・バレンチナ
　'バリエガタ'…86
コロラドトウヒ…102
コロラドビャクシン
　'ウィチタ・ブルー'…99

コロラドビャクシン
　'ブルー・ヘブン'…99
コロラドビャクシン
　'ブルー・エンジェル'…99
コロラドビャクシン
　'ムーングロウ'…99
コロラドモミ'ビオラシア'…100
コンウォルウルス
　'スノー・エンジェル'…80
ゴンフォスティグマ・ビルガツム…68
コンボルブルス・クネオルム
　'スノー・エンジェル'…80

【サ行】

サカキ'トリカラー'…75
サクラ（桜）コデマリ…80
サクラ（桜）デマリ…80
サクラソウ科（広葉樹類）…69
サクラソウ科（多年草類）…116
サザンクロス'フイリーナ'…88
サトイモ科…117
サネカズラ…84
サマーラベンダー…70
サルビア'コスミックブルー'…120
サワラ'ゴールデン・モップ'…97
サワラ'フィリフェラ・オーレア'…97
サワラ'ブルーバード'…97
サワラ'ボールバード'…97
サンカクバアカシア…85
サンカクバオキザリス…107
サンゴミズキ'エレガンティシマ'…89
サンゴミズキ'オーレア'…89
サンゴミズキ
　'シビリカ・バリエガタ'…89
サントリナ・カマエキパリッスス…66
シソ科（広葉樹類）…69
シソ科（多年草類）…117
シナイボタ…93
シナヒイラギ…94
シナロアセージ…120
シバザクラ
　'ネトルトン・バリエーション'…125
シバザクラ'モネ'…125
シマ（縞）ススキ…105
シマ（縞）ダケ…106
シマ（縞）フトイ…108
シモツケ'ゴールドフレーム'…80
ジャーマンダーセージ…120
シャシャキ…75
ジャノヒゲ'ハクリュウ'…114
ジュウヤク（十薬）…123
ジュウリョウ（十両）…69
シュッコン（宿根）フロックス
　'モントローズ・トリカラー'…124
シュッコン（宿根）リナリア…107
ショウジア・テルナタ…88
シライトノオウヒニシキ…112
シラタマミズキ'オーレア'…89
シラタマミズキ
　'シビリカ・バリエガタ'…89
シラユキミセバヤ…127

シルバーグラス…104
シルバークレスト…102
シルバーセージ…119
シルバータイム…71
シルバープリペット…93
シルバーレース…111
シロオカメ…60
シロオカメヅタ…60
シロガネ（白銀）ヨシ…104
シロクマ君…119
シロタエギク…111
シロフヤブラン…113
シロミミナグサ…124
シロモミ…100
シロヨモギ…109
ジンチョウゲ科…72
ジンチョウゲ'マエジマ'…72
スイートガーリック…124
スイカズラ
　'オーレオレティキュラタ'…72
スイカズラ科…72
スイカズラ'シミズニシキ'…72
スイカズラ'ヒンロン'…72
スキミア'マジック・マルロー'…88
スギ科…96
ススキ'ゴールド・バー'…105
スズランノキ'ブルー・スカイ'…75
スダジイ'アンギョウ・イエロー'…82
ズダヤクシュ…129
スミレ科…120
スモークツリー'グレース'…61
スモークツリー
　'ゴールデン・スピリット'…61
スモークツリー
　'ロイヤル・パープル'…61
セイヨウイワナンテン…74
セイヨウオダマキ
　'レクレチャム・ゴールド'…115
セイヨウオダマキ
　'レプレチャウン・ゴールド'…115
セイヨウカキドオシ…118
セイヨウカナメモチ
　'スカーレット・パール'…78
セイヨウカナメモチ
　'レッド・ロビン'…78
セイヨウキヅタ
　'ゴールド・ハート'…60
セイヨウキヅタ'シラユキヒメ'…60
セイヨウキヅタ
　'ニュー・ミニ・シルバー'…60
セイヨウキヅタ'ハレー・ボブ'…60
セイヨウキヅタ
　'ホワイト・メイン・ハート'…60
セイヨウキランソウ…117
セイヨウシャクナゲ
　'プレジデント・ルーズベルト'…75
セイヨウダンチク…104
セイヨウツゲ'エレガンティシマ'…74
セイヨウナツユキソウ…125
セイヨウハゴロモグサ…125

セイヨウハシバミ'プルプレア'…65
セイヨウヒイラギ'ハンドワース・
　ニュー・シルバー'…95
セイヨウブナ…83
セキショウ…117
セージ…71
セダム・アルブム
　'コーラル・カーペット'…126
セダム'ケープ・ブランコ'…127
セダム・スプリウム'トリカラー'…127
セダム
　'バートラム・アンダーソン'…126
セダム'ルビー・グロー'…126
セネキオ'シネラリア'…111
セネシオ'シネラリア'…111
セラスチウム…124
セリ'フラミンゴ'…121
セリ科…121
センジュ…99
セントーレア・シネラリア…111

【夕行】

ダイアンサス'ブルー・ヒルズ'…124
ダイアンサス'ライオン・ロック'…124
タイガーグラス…105
タイツリソウ'ゴールド・ハート'…116
タカオカエデ…64
タカノハスズキ…105
ダスティーミラー…111
タチジャコウソウ…71
タテジマフトイ…108
タデ科…122
ダリア'ミッドナイト・ムーン'…109
チェイランサス…103
チゴザサ…106
チシオシモツケ…125
チシオシモツケソウ…125
チャイニーズ・プリペット…93
チャイニーズホーリー
　'オースプリング'…94
チョイシア・テルナタ
　'サンダンス'…88
チョークチェリー…79
ツゲ科…74
ツツジ科…74
ツバキ科…75
ツバナ…105
ツボサンゴ…128
ツユクサ科…122
ツルニチニチソウ'バリエガタ'…67
ツルニチニチソウ
　'ワジョー・ジェム'…67
ツルバギア・ビオラセア
　'シルバー・レース'…124
ツルマサキ
　'エメラルド・ガイティ'…76
ツルマサキ
　'エメラルド・ゴールド'…76
ツルマサキ'ハーレークイーン'…77
ツルマサキ'ハーレクイン'…77
ツワブキ'ウキグモ（浮雲）'…110

ツワブキ'ウキグモニシキ'…110
ツワブキ'テンボシ'…110
ティアレラ
　'シュガー・アンド・スパイス'…129
ティアレラ
　'ピンク・スカイロケット'…129
ティアレラ
　'ミスティック・ミスト'…129
テイカカズラ'オウゴンニシキ'…67
テイカカズラ'ハツユキカズラ'…67
デスカンプシア・カエスピトサ
　'ノーザン・ライツ'…104
トウカエデ'ハナチルサト'…62
トウダイグサ科（広葉樹類）…76
トウダイグサ科（多年草類）…123
トウネズミモチ'トリカラー'…92
ドウバ（銅葉）ミセバヤ…126
ドクダミ科…123
ドクダミ'カメレオン'…123
トサミズキ
　'スプリング・ゴールド'…87
トネリコバノカエデ…63
トラデスカンティア・アンダーソニアナ
　'スイート・ケイト'…122
トラデスカンティア・アンダーソニアナ
　'ブルー・アンド・ゴールド'…122
トラデスカンティア・パリダ
　'プルプレア'…122
トリカラーセージ…71
トリコロールセージ…71
ドワーフマートル…81
トワダアシ（十和田アシ）…106

【ナ行】
ナス科…76
ナツユキソウ…124
ナデシコ'ライオン・ロック'…124
ナデシコ科…124
ナワシログミ'マキュラータ'…68
ナワシログミ'マキュラタ'…68
ナンキンハゼ
　'メトロ・キャンドル'…76
ニイタカビャクシン
　'ブルー・カーペット'…99
ニイタカビャクシン
　'ブルー・スター'…99
ニオイシュロラン
　'アトロプルプレア'…66
ニオイシュロラン
　'サウザン・スプレンダー'…66
ニオイシュロラン
　'レッド・スター'…66
ニオイシュロラン
　'トーベイ・ダズラー'…66
ニオイヒバ'ヨーロッパ・ゴールド'…100
ニオイヒバ'ラインゴールド'…100
ニシキギ科…76
ニセアカシア'フリーシア'…86
ニッコウシャクナゲ…74
ニューサイラン
　'イエロー・ウェーブ'…114

ニューサイラン
　'イブニング・グロー'…115
ニューサイラン
　'プラッツ・ブラック'…115
ニューサイラン'プルプレア'…115
ニューサイラン
　'レインボー・サンライズ'…115
ニレ科…78
ニンドウ…72
ヌマヒノキ'パープル・フェザー'…97
ヌマヒノキ'レッド・スター'…97
ネギ科…124
ネグンドカエデ'エレガンス'…63
ネグンドカエデ
　'オーレオマルギナツム'…63
ネグンドカエデ
　'ケリーズ・ゴールド'…63
ネグンドカエデ'バリエガツム'…63
ネグンドカエデ'フラミンゴ'…63
ネグンドモミジ…63
ネムノキ'サマー・チョコレート'…85
ノーブルモミ'グラウカ'…100
ノシラン'ビッタータス'…114
ノブドウ'エレガンス'…82
ノルウェーカエデ
　'クリムソン・キング'…64
ノルウェーカエデ
　'プリンストン・ゴールド'…64
ノルウェーカエデ
　'ロイヤル・レッド'…64

【ハ行】
バージニアザクラ'カナダ・レッド'…79
バージニアザクラ
　'シューベルト・セレクト'…79
バージニアザクラ
　'ベイリーズ・セレクト'…79
バージニアヅタ…82
パープルセージ…71
パープルファウンテングラス…106
パールアカシア…85
ハイセイ（這性）フロックス…124
パイナップルミント…119
ハクチョウソウ
　'クリムソン・バタフライ'…103
ハクチョウソウ
　'チェリー・ブランディー'…103
ハグマノキ…61
ハクヨウ（白楊）…95
ハゴロモジャスミン
　'ミルキー・ウェイ'…92
バッファローグラス…106
ハツユキカズラ…67
ハナシキブ…69
ハナシノブ科…124
ハナゾノツクバネウツギ…72
ハナミズキ
　'チェロキー・サンセット'…90
ハナミズキ'レインボー'…90
ハニーサックル…72
パニカム'チョコラタ'…106

パニカム・ビルガツム
　'シェナンドア'…106
パニカム・ビルガツム
　'チョコラータ'…106
バラ科（広葉樹類）…78
バラ科（多年草類）…125
パラソルマツ…102
パンパスグラス'アルボリネアタ'…104
パンパスグラス
　'ゴールド・バンド'…104
パンパスグラス
　'シルバー・ストライプ'…104
ビーチワームウッド…109
ヒイラギ'ゴシキ（五色）'…93
ヒイラギモチ…94
ビオラ・ラブラドリカ…120
ヒサカキ'ザンセツ'…75
ヒノキ科…96
ヒノキ'クリプシー'…96
ヒノキ'ナナルテア'…96
ヒペリカム'ゴールドフォーム'…61
ヒペリカム'サマー・ゴールド'…61
ヒペリカム'トリカラー'…61
ヒペリカム'マーブル・イエロー'…61
ヒマラヤシーダー…101
ヒマラヤスギ'オーレア'…101
ヒマラヤスギ
　'ゴールデン・ホリゾン'…101
ヒメギンバイカ…81
ヒメシャクナゲ'ブルー・アイス'…74
ヒメツルニチニチソウ
　'イルミネーション'…67
ヒメマサキ
　'オーレオ・バリエガタ'…76
ヒメマサキ'ゴールド・ダスト'…76
ビャクシン
　'セイブロック・ゴールド'…98
ヒューケラ'オブシディアン'…129
ヒューケラ'キャラメル'…128
ヒューケラ'パレス・パープル'…128
ヒューケラ'ファイヤー・チーフ'…128
ヒューケラ'ファンタンゴ'…128
ヒューケラ'レーブ・オン'…129
ヒューケラ'スイート・ティー'…129
ヒューケラ'タペストリー'…129
ピラカンサ'ハーレークイーン'…78
ピラカンサ'ハーレクイン'…78
ヒルガオ科…80
ビロードアキギリ…119
ビンカ・マジョール…67
ビンカ・ミノール…67
ファーンラベンダー…70
フィカス・プミラ
　'サニー・ホワイト'…68
フイリ（斑入り）アップルミント…119
フイリ（斑入り）アブチロン…58
フイリ（斑入り）アマドコロ…114
フイリ（斑入り）アメリカヅタ…82
フイリ（斑入り）イワミツバ…121
フイリ（斑入り）オカメヅタ…60

フイリ（斑入り）カキツバタ…103
フイリ（斑入り）カキドオシ…118
フイリ（斑入り）ガクアジサイ…59
フイリ（斑入り）カナリーキヅタ…60
フイリ（斑入り）カリガネソウ…118
フイリ（斑入り）キチジョウソウ…114
フイリ（斑入り）キョウチクトウ…67
フイリ（斑入り）ギンバイカ…81
フイリ（斑入り）ケヤキ…78
フイリ（斑入り）サカキ…75
フイリ（斑入り）サザンクロス…88
フイリ（斑入り）シバザクラ…125
フイリ（斑入り）シマトネリコ…92
フイリ（斑入り）スダジイ…82
フイリ（斑入り）
　　セイヨウカキドオシ…118
フイリ（斑入り）セキショウ…117
フイリ（斑入り）
　　セントオーガスチングラス…106
フイリ（斑入り）ダンチク…104
フイリ（斑入り）
　　チャイニーズホーリー…94
フイリ（斑入り）ツルハナナス…76
フイリ（斑入り）ノブドウ…82
フイリ（斑入り）ハゴロモジャスミン…92
フイリバ（斑入り葉）シイノキ…82
フイリ（斑入り）ヒイラギ…93
フイリ（斑入り）ビナンカズラ…84
フイリ（斑入り）ヒメユズリハ…95
フイリ（斑入り）
　　ヒメユズリハ白覆輪…95
フイリ（斑入り）フジバカマ…110
フイリ（斑入り）フッキソウ…74
フイリ（斑入り）ミズキ…89
フイリ（斑入り）ヤツデ…60
フイリ（斑入り）ヤブラン…113
フィリペンデュラ・ウルマリア
　　'オーレア'…125
フウチソウ'オール・ゴールド'…105
フウロソウ'エスプレッソ'…126
フウロソウ科…126
フウロソウ'シルバー・シャドー'…126
フウロソウ'ダーク・レイター'…126
フウロソウ
　　'ブラック・ビューティー'…126
フウロソウ'ホーカス・ポーカス'…126
フェスツカ・グラウカ…104
フォックスリータイム…71
フクリンリュウゼツラン…112
ブッドレア
　　'シルバー・アニバーサリー'…68
ブドウ科…82
フトモモ科…81
ブナ科…82
プラチナ…66
ブラッディソレル…122
ブラッディドック…122
プリペット…93
ブルーキャットミント
　　'ウォーカーズ・ロウ'…119

ブルーフェスキュー…104
ブルーブッシュ…58
ブルーブッシュアカシア…85
プルヌス・システナ…80
プルヌス・ビルギニアナ…79
フレンチラベンダー…70
ブロードリーフタイム…71
フロックス・ディバリカタ
　　'モントローズ・トリカラー'…124
フロックス・パニキュラタ
　　'ダーウィンズ・ジョイス'…125
フロミス・フルティコサ…70
ブロンズフェンネル…121
プンゲンストウヒ
　　'グラウカ・グロボサ'…102
プンゲンストウヒ'コースター'…102
プンゲンストウヒ
　　'ファット・アルバート'…102
プンゲンストウヒ'ホプシー'…102
プンゲンストウヒ'モンゴメリー'…102
ベアーグラス…108
ベアグラス…108
ヘウケラ…128
ベッコウマサキ…77
ヘデラ・カナリエンシス
　　'バリエガタ'…60
ヘデラ・ヘリックス…60
ベニスモモ…79
ベニスモモ'ファスティギアタ'…79
ベニセツム…106
ベニチガヤ…105
ベニバスモモ…79
ベニバナトキワマンサク…88
ベニフウチソウ…105
ベニマンサク…87
ヘリクリサム・イタリカム
　　'コルマ'…66
ヘリクリサム・ペティオラレ
　　'オーレア'…110
ヘリクリサム・ペティオラレ
　　'シルバー・ミスト'…110
ヘリクリサム・ペティオラレ
　　'バリエガタ'…110
ペルシカリア・ミクロケファラ
　　'シルバー・ドラゴン'…122
ペルシカリア・ミクロケファラ
　　'レッド・ドラゴン'…122
ベルベットセージ…120
ヘレボラス…116
ヘレボルス…116
ベンケイソウ科…126
ペンステモン・ディギタリス
　　'ハスカー・レッド'…107
ヘンリーヅタ…82
ホイヘラ…128
ホスタ'アトランティス'…112
ホスタ'インデペンデンス'…113
ホスタ'ゴールデン・ティアラ'…113
ホスタ'ゴールド・スタンダード'…113

ホスタ
　　'サム・アンド・サブスタンス'…112
ホスタ'チョウダイギンヨウ'…112
ホスタ'パトリオット'…113
ホスタ'ハルシオン'…113
ホスタ'ビッグ・ダディー'…112
ホスタ'フラグラント・ブーケ'…113
ホスタ
　　'フランシス・ウイリアムズ'…112
ホスタ'ブンチョウコウ'…113
ホソイトスギ…98
ボックスウッド
　　'エレガンティシマ'…74

【マ行】

マイレアナ・セディフォリア…58
マウンテンスワンプガム…81
マオラン…114
マサキ…77
マタタビ…84
マタタビ科…84
マツ科…100
マツカサアザミ
　　'ブルー・グリッター'…121
マツブサ科…84
マメ科（広葉樹類）…84
マメ科（多年草類）…127
マルバダケブキ
　　'ブリットマリー・クロフォード'…111
マルバノキ'エナニシキ'…87
マルバノヒゴタイサイコ…121
マルバハッカ…119
マルバフジバカマ…110
マンサク科…87
マンリョウ'タカラブネニシキ'…69
マンリョウ'ベニクジャク'…69
ミカン科…88
ミズキ科…89
ミズキ'バリエガタ'…89
ミモザ…84
ミヤマシキミ
　　'マジック・マルロー'…88
ミヤマヒゴタイサイコ…121
ミヤママタタビ…84
ムラサキウンラン…107
ムラサキゴテン…122
ムラサキシキブ'シジムラサキ'…69
ムラサキミツバ…121
メープルレインボー…62
メギ'アトロプルプレア'…91
メギ'オーレア'…91
メギ科…91
メギ'ハーレークイン'…91
メギ'ハーレクイン'…91
メギ'ヘルモンド・ピラー'…91
メギ'ローズ・グロー'…91
メキシカンオレンジ…88
メキシカンセージ…120
メキシカンブッシュセージ…120
メタセコイア'オウゴン'…96
メタセコイア'ゴールド・ラッシュ'…96

メドウスイート'オーレア'…125
メラレウカ'レッド・ジェム'…81
メラレウカ
　'レボリューション・ゴールド'…81
モクセイ科…92
モスフロックス…125
モチノキ…94
モチノキ科…94
モミジバゼラニウム…126
モミジバフウ…87
モントレーイトスギ
　'ゴールドクレスト'…98
モントレーイトスギ
　'ゴールドクレスト・ウイルマ'…98
モントレーサイプレス…98

【ヤ行】
ヤクヨウサルビア…71
ヤツデ'ツムギシボリ'…60
ヤナギ科…95
ヤナギ'ハクロニシキ'…95
ヤバネススキ…105
ヤブコウジ'ハクオウカン'…69
ヤブコウジ'ミホノマツ'…69
ヤブラン…113
ヤマアジサイ
　'ゴールデン・サンライト'…59
ヤマボウシ'ウルフ・アイ'…90
ヤマボウシ'ゴールド・スター'…90
ヤマホロシ…76
ヤマモミジ'イナバシダレ'…62
ユーカリ・グニー…81
ユーパトリウム'チョコレート'…110
ユーパトリウム
　'ピンク・フロスト'…110
ユーフォルビア・アミグダロイデス
　'プルプレア'…123
ユーフォルビア・カラキアス
　'シルバー・スワン'…123
ユーフォルビア・カラキアス・
　ウルフェニー…123
ユーフォルビア・マルティニー
　'ブラック・バード'…123
ユーフォルビア・リギダ…123
ユキノシタ科…128
ユズリハ科…95
ユリオプスデージー…66
ユリオプスデージー
　'フィリップス'…66
ヨウシュコナスビ…116
ヨーロッパカエデ…64
ヨーロッパナラ…83
ヨーロッパニレ
　'ダンピエリ・オーレア'…78
ヨーロッパブナ
　'ダーウィック・パープル'…83
ヨーロッパブナ'プルプレア'…83
ヨーロッパブナ
　'プルプレア・トリカラー'…83
ヨコジマ（横縞）フトイ…108
ヨシタケ…104

【ラ行】
ラバンジンラベンダー…70
ラバンディンラベンダー…70
ラベンダー…70
ラミウム・ガレオブドロン…118
ラミウム・マクラツム
　'ゴールド・ラッシュ'…118
ラミウム・マクラツム
　'ビーコン・シルバー'…118
ラミウム・マクラツム'
　ピンク・パール'…118
ラムズイヤー…120
リガストラム'ビカリー'…93
リグラリア
　'ブリットマリー・クロフォード'…111
リシマキア・キリアタ
　'ファイヤー・クラッカー'…116
リシマキア・コンゲスティフロラ
　'ミッドナイト・サン'…116
リシマキア・ヌムラリア
　'オーレア'…116
リナリア・プルプレア…107
リボンガヤ…104
リボングラス…104
リュウノヒゲ…114
リリオペ…113
ルメックス…122
ルリフタモジ（瑠璃二文字）…124
レイランディー…98
レイランドサイプレス…98
レイランドヒノキ
　'ゴールド・ライダー'…98
レースラベンダー…70
レッドセージ…71
レッドリーフローズ…80
レディース・マントル…125
レモンタイム…71
ロータス・クレティクス…127
ロサ・グラウカ…80
ロサ・ルブリフォリア…80
ロサ・ルブリフォリア
　'カルメネッタ'…80
ロシアンセージ…70
ロッキーモミ…100
ロニセラ・ニティダ
　'エドミー・ゴールド'…73
ロニセラ・ニティダ
　'レモン・ビューティー'…73
ロベリア・カルディナリス
　'クイーン・ビクトリア'…109

【ワ行】
ワタスギギク…66
ワタチョロギ…120

参考文献等

「改訂版 緑化樹木」
　（財）建設物価調査会
「新樹種ガイドブック」
　（財）建設物価調査会
「日本の樹木」 山と渓谷社
「日本の野草」 山と渓谷社
「Ａ－Ｚ園芸植物百科事典」
　誠文堂新光社
「朝日百科 植物の世界」朝日新聞社
「米村浩次の花の世界(ホームページ)」
「コニファーの小さな森ポンニタイ
　（ホームページ）」

著者紹介

中野 嘉明（なかの　よしあき）

東京農業大学造園学科卒業。公益財団法人の理事等歴任、プランツ＆ガーデン研究家。
植物・園芸・造園関係の各種教本の企画・執筆や、軽井沢千住博美術館併設カラーリーフガーデン、SEIKOEN'S ローズ＆カラーリーフガーデンの企画・設計などに携わる。

E‐mail　qqev2dm9n@wing.ocn.ne.jp

カラーリーフ
421種の樹木・草花と庭づくり

2013年9月10日　　第1刷発行

著者　中野嘉明

発行所　一般社団法人　農山漁村文化協会
　　　　〒107-8668　東京都港区赤坂7丁目6-1
電話 03（3585）1141（営業）　　03（3585）1147（編集）
FAX 03（3585）3668　　　　　振替 00120-3-144478

ISBN 978-4-540-13119-6　　DTP製作／條 克己
〈検印廃止〉　　　　　　　　印刷・製本／凸版印刷㈱
ⓒ中野 嘉明 2013
Printed in Japan　　　　　　定価はカバーに表示

乱丁・落丁本はお取り替えいたします。